特別支援教育が
わかる本 1

特別支援学級・通級でできる

発達障害の
ある子の　学校生活支援

内山登紀夫　監修　　伊藤久美　編

ミネルヴァ書房

はじめに

　本書は、小学校に入学した子どもたちの学校生活をどのように支援していったらいいか、支援プランを具体的に紹介する本です。対象となる子どもたちは、発達上の課題があり、社会的認知やコミュニケーション、行動調整、感覚認知、運動機能などの面で困難を抱えています。ある1つのスキルを習得するのにも、さまざまなプロセスや工夫が必要となります。

　しかし、ひと口に工夫といってもなかなか思いつくものではありません。まずは、子どもが何をするときに、どううまくいかないのか、を整理するところから始めます。そこで、この本では身につけさせたいスキルごとに、子どもの状態を読者がチェックし、その状態に応じた支援プランへと読み進められるように構成しました。

　紹介する支援プランは、長年、特別支援教育の現場で子どもたちと向き合ってきた編者の、試行錯誤のなかで、成果があった実践例です。特別支援教育にはじめて取り組む教師にもイメージできるように、具体的な内容にしました。ただし、クラスの状況（物的・人的環境）や子どもの状態に合わせてアレンジする必要があるでしょう。本書のプランをヒントに、さらに工夫をし、子どもにぴったりの支援を見つけてもらうこと、それこそが本書の目的です。

　さて、2007（平成19）年から、特別支援教育の対象が通常の学級の子どもたちにも広げられました。特別支援教育の視点は、通常の学級の担任にも必要になったといえます。本書は主として特別支援学級（固定学級・通級指導学級）の子どもたちをイメージして支援プランを提案していますが、通常の学級の担任にもきっと有効なヒントがあるものと考えます。

　特別支援は学校生活だけでは終了しません。小学校は、支援を上手に受けながら社会生活を送るための、大切な準備期間のスタートでもあります。教師のかかわりは、子どもの生活あるいは人生のほんの一部分にすぎませんが、そのかかわりが子どもの将来を見据えた適切な支援になるよう、本書を役立てていただくことを願っています。

もくじ

はじめに …………………………………………………… 1
◎ まず子どもを知ることが大事 …………………………… 4
◎ 保護者などとの連携を大事に …………………………… 6
◎ 将来を見据えた支援を …………………………………… 8
本編の構成と各要素の見方 ………………………………… 10

支援の実際
—— どこがむずかしいのか状態に応じて支援 ——

スキル ①
昇降口から教室まで ……………………………………… 12

スキル ②
持ち物を整理する ………………………………………… 18

スキル ③
一日の活動の流れを理解する …………………………… 24

スキル ④
必要なとき着席している ………………………………… 28

スキル ⑤
学習課題に取り組む ……………………………………… 34

スキル ⑥
係・当番の仕事をする …………………………………… 40

スキル ⑦
並ぶ、歩く ………………………………………………… 44

スキル ⑧
自分で着替えをする ……………………………………… 48

スキル ⑨
　トイレをきれいに使う …………………… 56

スキル ⑩
　給食の準備をする ………………………… 62

スキル ⑪
　みんなで食事をする ……………………… 66

スキル ⑫
　教室や廊下の掃除 ………………………… 70

スキル ⑬
　休み時間をすごす ………………………… 74

スキル ⑭
　一日のしめくくりをする ………………… 80

スキル ⑮
　助けてもらう ……………………………… 84

スキル ⑯
　気持ちを切り替える ……………………… 88

スキル ⑰
　外へ出かける（遠足、宿泊学習など）…… 92

◎教師の指導態勢をととのえる …………… 96
◎話し方、接し方、ここが大事 …………… 98
◎環境の整備を ……………………………… 100
　参考資料など ……………………………… 102

まず子どもを知ることが大事

学校生活でのようすを教師の目で観察

　教師が子どもを知る方法として、入学前の療育機関や保護者から提供された資料や各種検査結果があります。しかし、いちばん重要で有効な情報は、教師の観察によるものです。

　指導をとおして、その子どもは何ができて何がむずかしいのか、どういうはたらきかけをするとどういう反応をするのか、相手や状況によってどう変化するかなど、意識しながら観察します。観察の観点を明確にすることで、子どもの実態も整理されます。

学校生活における観察の観点
- 学習態勢（着席、注目、指示に従うこと、待つこと、順番の理解など）
- 小集団参加（集団のなかにいる、活動する）
- 言語・コミュニケーション（理解・表現・非言語）
- 感覚・認知
- 情緒の安定
- 対人関係（対子ども・対大人）
- 運動機能（粗大運動・微細運動）
- 基本的生活習慣（食事、着脱、排泄など）
- その他（こだわり、服薬など）

日々の記録をとる

　子どもを観察した結果はそのままにせず記録しておきます。継続して記録することによって子どもの言動の傾向やその原因、小さな変化にも気づくことができます。そして記録は、学級の指導記録として保管します。どの教師も記録しやすいように、書式や項目、欄の大きさなど検討し、学級独自のものを作成するといいでしょう。

　記録は、小集団場面においては補助役の教師が行います。一応その日（その場面）の記録担当を決めておきますが、子どもの補助が最優先なので、その担当者が個別対応をしているときは、ほかの教師が記録します。はじめて記録する場合は、何をどの程度書いたらいいのか困るものです。指導者のはたらきかけと子どもの反応のうち、特にことばのみを拾って時系列で記録していくことから始めるといいでしょう（ことばが出ない場合は動きを記録する）。

　記録の内容は、記録者の主観ではなく、客観的な観察になるように、見たとおり聞いたとおりに記録するようにします（例「楽しそうだ」：主観、「声を出して笑っている」：客観）。そして、だんだんに指導者の意図や子どもの言動の意味なども記録するようにしていきます。指導終了後、その記録に教師全員で目を通し、各自が観察した事柄を書き足していきます。記録することは、教師の子どもを観察する力、見取りの力を向上させることにもつながります。

ケース会議を開き、共通理解を図る

　子どもの状態や課題、その他知り得た情報は教師全員で共有し、理解を共通にする必要があります。チームティーチングの形態で指導する特別支援学級では大変重要なことです。

　教師相互の報告・連絡・相談やOJT（指導をとおして人材育成すること）のほかに、子ども一人ひとりについてのケース会議を定期的に開くようにします。ここでは、成育歴や医療・

専門機関の受診歴や療育歴、観点に沿った児童の実態を確認し、指導の目標や課題設定、対応、今後の方針などについて話し合います。レポーターを決めて取り組みます。

必要に応じて専門家の意見を聞く

ケース会議では、それまでの研修会や関係書籍で得た知識や自分の経験をもとにしながら、教師は互いの考えを忌憚（きたん）なく出し合い、よりよい支援を考えます。しかし、子どもの状況の見取りが正しいのかどうか、今後の方針の内容が正しいのかどうか、迷うケースがどうしても出てきます。

各区市町村の教育委員会では特定の医師や臨床心理士を特別支援のスーパーバイザーとしていることが多いので、専門家の考えを聞きます。研修会として予算がとれる場合は、発達障害や学校現場の事情のわかる医師や心理士を招いて事例検討会を開く方法もあります。また、検討対象となる子どもの主治医である児童精神科の医師と連携をとることも有効です。

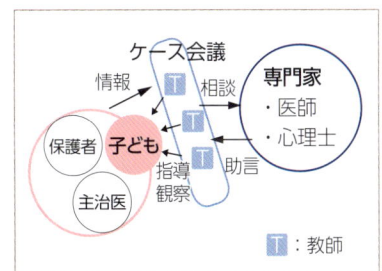

子どもと教師、専門家の関係

知っておきたい発達障害の知識

発達障害には、自閉症スペクトラム障害、AD/HD、LDなどがあります。

自閉症スペクトラム障害の人には、社会性・コミュニケーション・イマジネーションの困難があり、おもに対人コミュニケーションが苦手という特性があります。社会のルールを自然に覚えたり、集団行動をしたりするのが苦手で、まわりの人とは違うことに興味をもったり、同じことを繰り返すことを好んだりすることがあります。

AD/HD（Attention-Deficit/Hyperactivity Disorder；注意欠如・多動性障害）は、多動・衝動性と不注意が特徴の障害で、AD/HDの人は行動を自己コントロールするのが苦手です。多動・衝動性がめだつタイプ、不注意がめだつタイプ、両方が見られる混合タイプがあります。

LD（Learning Disabilities；学習障害）は、知的障害はないが学習に必要な能力に偏りがあり、特定の学習がむずかしくなるもの。文部科学省の定義では、聞く、話す、読む、書く、計算する、推論するの能力のうち1つまたは2つ以上で遅れがめだつときにLDとされます。LDの人には、視覚認知の困難、聴覚認知の困難などが見られることがあります。

発達障害は低年齢のうちに現れる脳機能の障害であり、以上のほかに言語の障害や協調運動の障害などがあります。これらの障害は、単独で現れるというより、さまざまな程度に複合したり、ある部分だけが際立って現れたりしますので、支援にあたっては障害名だけでなくその子に現れる行動特性をよく見極めることが必要です。また、特別支援学級に在籍する大部分の子どもには、さまざまな程度の知的障害があることもふまえる必要があります。

保護者などとの連携を大事に

保護者と足並みをそろえる

　保護者と教師の対応が一致することが、子どもには何より大事です。特別支援の必要な子どもたちは、良きにつけ悪しきにつけ、ものごとを学んだとおりに覚えます。途中からの修正がききにくく、場面に応じて按配(あんばい)することもむずかしい点に配慮し、保護者と対応をそろえていくようにします。そのためにもお互いの考えについてよく話し合うことが大切です。

● ねらいや指導方針を知らせる

　子どもをどのように指導していくか、保護者と個別指導計画を作成し、ねらいや方針を決めます。一方、学級の運営方針や教育活動のねらい、内容、子どもの理解につながること、有効な方策など全体にかかわる内容は、保護者会や学級通信などで伝えていきます。

● 日常生活に密着した指導をめざす

　子どもは物事を場面で理解していきます。学校でできるようになったスキルが必ずしもほかの場面でもできるようにはなりません。家庭でもできるようになるには、同じように取り組む必要があるでしょう。もし家庭の協力がむずかしい場合、その方法が家庭の状況に合っていないことも考えられます。再度検討していきます。

● 連絡帳は毎日書く

　連絡帳は保護者との連携に欠かせない重要な手段です。毎日書きます。その日の体調や状態も含め、子どもの行動を具体的に取り上げ、対応・指導方法、その結果を記入します。トラブルやパニックについては、状況と対応について連絡帳に書くとともに、口頭でも伝えます。

● 保護者にも書いてもらう

　連絡帳は保護者にもできるだけ毎日書いてもらいます。家庭でのようすについて、学校の指導について、さらには不安や心配など、何でも書いてもらいます。保護者からの質問や相談については、保護者の立場を理解して返答します。できるだけ早く対応しましょう。

校内での連携をスムーズにするために

　それぞれの立場や役割について、お互いに尊重することが校内での協力体制をうまく構築するこつです。連携にあたって注意する点を確認しておきましょう。

● 通常学級の担任（交流学級など）

　交流のねらいを明確にし、よく相談して教科・場面を決めます。本人にとっても交流学級の子どもたち・担任にとっても無理のないように配慮します。その日の子どもの体調や状態を伝え、終了後、交流学級でのようすを聞きます。支援の方法はもちろん、障害についての周囲の理解をどう進めていくかも、ともに検討していきます。

● 特別支援教育コーディネーター・スクールカウンセラー

　通常の学級に在籍する子どもの保護者が、学習や対人関係、行動などについての不安・心

配を相談した場合、話の内容によっては特別支援学級への転籍を勧めていくケースもあるでしょう。特別支援学級について正しく伝えてもらうように情報を提供します。

　また、両者は外部とのコネクションやネットワークの窓口になっていることも多いので、必要に応じて助言を得ることもできます。

●**養護教諭**

　自分の体調をうまく伝えられない子どもたちです。常日頃から接してもらい、いつもの状態を知っておいてもらいましょう。体調不良かどうか的確に判断してもらうことができます。身体測定や健康診断をスムーズに行う方法など、担任とともに考え、工夫してもらいましょう。

●**校長など管理職**

　学級運営や問題解決がスムーズにいくためのキーパーソンです。教育課程や指導計画についてはもちろん、日頃から子どもたちのようすや保護者の不安・心配を報告しておきます。トラブルが起きたときには、迅速に対応してもらいましょう。

外部機関との連携も柔軟に

　入学前になんらかの診断を受けている子どもには主治医がいます。また幼時から療育センターなどを利用している子どもの場合は療育担当者がいます。就学前にどのような支援を受けていたのか、小学校ではどう対応していくべきか。情報を得ることは子どものために有益です。保護者に許可をとったうえで、連絡します。また、家庭の養育環境の問題については児童家庭支援センターや児童相談所との連携が必要になることもあります。いずれの場合も、その子にとってどうするのがいいかを第一優先に考え、連携していきましょう。

●**主治医・療育機関**

　学校でのようすを正しく知らせることは、診断や服薬の判断をするうえで重要です。保護者を通じて書面で知らせる方法でもいいでしょう。

●**児童相談所・児童家庭支援センター（こども家庭支援センター）など**

　家庭へのサポートが必要な場合は児童家庭支援センター（東京都の単独事業としてのこども家庭支援センターも）に相談します。児童相談所は児童福祉の第一線機関です。ネグレクトやことばの暴力も含めた虐待については通報する義務があります。一時保護施設も併設されています。センターと児童相談所との間にはネットワークができています。

●**特別支援学校・中学校**

　特別支援学校は地域の特別支援教育のセンターとしての役割を担います。コーディネーターがいて、必要に応じて指導・助言を受けることができます。また、子どもたちの進学先となります。特別支援学校や中学校特別支援学級の教育課程や指導方法などについて理解し、進路指導を行います。進学の際は、子どもの実態や配慮すべきことなど引き継ぎをしましょう。

将来を見据えた支援を

5年後、10年後の子どもの姿を保護者と話し合う

　小学校に入ったばかりの子どもについて、卒業後や社会に出るときのことを想像するのはむずかしいかもしれません。しかし、5年後、10年後といった将来の姿をイメージすることによって、小学校でどういう力をつける必要があるか、今すべきことは何かが見えてきます。目標の設定が、希望の学校に入ることや学力の伸長にばかり偏ってしまうことのないように、子どもの現在の実態をスタート地点とし、生活全般について保護者と話し合うようにします。

　当然のことながら、子どもは大人が予測するようには成長しません。子どもの実際の成長に合わせて、めざす将来の姿は修正され、変更されていきます。

子どもたちは、いずれ家族と離れて生活する

　「子どもを、いつまでも手元に置いておきたい」と考える保護者は多いものです。しかし、子どもたちはいずれ親以外の人たちに支えられて生活していくことになります。

　自炊生活、グループホーム、パートナーとの生活、下宿、一般就労、作業所での就労など自立の形はいろいろですが、どのような形においても、家族以外のさまざまな手助けを受けて生活していくことになります。上手に助けてもらえるようになること、そのことこそが自立といえるかもしれません。小学校時代は、自立のための基礎を身につける時期となります。

　家族から離れて生活するときに、どのようなことができるといいのか、どのような道具を使えるといいのか、どのようなことを知っているといいのか、など考えると、取り組むべき具体的な事柄が見えてきます。

スケジュールに沿った生活ができるようになる

　自立のためには、一定のスケジュールに沿って生活できることが大切です。起きる、洗面する、食事する、通勤する、仕事をする、自由な時間をすごす、帰宅する、入浴する、寝るなど、起きている間にすることを決めそのとおりにできることで、職業生活が可能になります。周囲で支援する人も、本人が今何をしているのか予測でき、安心して見守ることができます。

　仕事は仕事として取り組むと同時に、好きな時間をすごすことも大切なことです。生活にめりはりをつけることが、意欲をもって働くことへつながっていきます。子どもが好きなこと、興味関心のあることを見つけ、余暇生活を上手に送れるように支援していきます。

決まった時間・決まった量の仕事に取り組む力をつける

　自分の好きなことに取り組むことはできても、苦手なことや嫌いなことには取り組まない子どもは多いものです。しかし、好きなことだけを仕事にはできません。しかも、仕事には根気が必要です。はじめは興味関心のあることから取り組ませますが、徐々に「これが終わっ

たら好きなことができる」という見通しのもと、苦手なことにも取り組めるようにしていく必要があるでしょう。集中時間を延ばしていければ、決まった時間、決まった量の作業や学習に取り組めるようになります。

助けを求め、受け入れることができるようにする

　本編でも述べているように、困ったときに助けを求め、手助けを受け入れることができるようになることは、社会生活を送るうえで大変重要なことです。仕事を覚えるとき、公共機関を使うとき、はじめてのことを経験するとき、病気になったとき、周囲とトラブルになったとき、失敗したときなど、助けてもらわなければならない状況は、たくさんあります。

　しかし、助けを求めることができなかったり、自分の方法にこだわって手助けを拒否したり、うまくいかないことをほかの人のせいにしたりして、かえって状況を悪くしてしまうことがあります。「この子は頑固でしかたがない」「失敗したらわかるだろう」とほうっておいても、力は育ちません。助けを求めたらうまく解決した、問題解決の方法は自分が知っていることだけではない、など早いうちから理解できるように支援していく必要があります。

人の役に立つ役割が担えるように

　学校では、係の仕事をとおして人の役に立つことができます。家庭では、手伝いをとおして家族の役に立つことができます。はじめは文字どおり、保護者の仕事を手伝う形でさせますが、ステップを経てひとりでできるようにし、最終的にはその仕事を任せていきます。

　人のために役立つことを長く続けていくこと、そのことで人に感謝されること、これが、生活や働くことに意欲をもつ基本になります。

「障害だから」とあきらめない

　障害があっても厳しくしつけるべきと考える人、障害があるのだからしかたがないと受容していく人。どちらも、ある意味では正しい考えです。

　障害があってもしっかり教えていくべきことは、生活習慣やマナーに関することです。言語コミュニケーション能力や運動能力、社会的認知能力などが原因で、理解やスキルの定着はなかなかむずかしいかもしれませんが、スモールステップや子どもの特性を理解した方法で、根気よく取り組むことで一定の定着を図ることができます。

　受容したいのは、感覚過敏や認知特性に関することです。その子の見え方感じ方に関することなので、我慢や努力を強いることは、本人にとって大変な苦しみとなるでしょう。

　厳しく育てるということは、どなったり罰を与えたりすることではありません。その子の困難が少しでも楽になるように工夫し、あきらめず、あきれず、根気よく取り組むことです。

本編の構成と各要素の見方

次ページからの本編は、次のような要素で構成されています。

身につけさせたい
スキルを示します。

学校生活の、この
場面での取り組み
です。

子どもの姿はさま
ざま。個別の具体
的な姿に着目しま
しょう。

個別の具体的な姿
をチェックしてみ
ましょう。そのた
めの観点です。

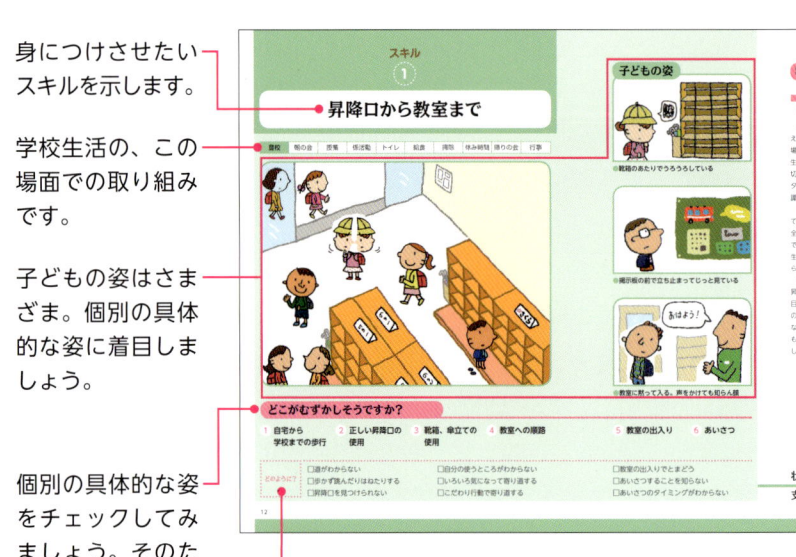

このスキルを身に
つけることで将来
どんなシーンが可
能になるかを展望
し、支援にあたっ
てふまえておきた
い考え方などを記
しました。

どのようにむずかしいかも
チェックしてみましょう。

ここからは実際の
支援プランです。

支援プランが想定
している子どもの
状態。最初のペー
ジの「どこがむ
ずかしそうです
か？」「どのよう
に？」と連動して
います。

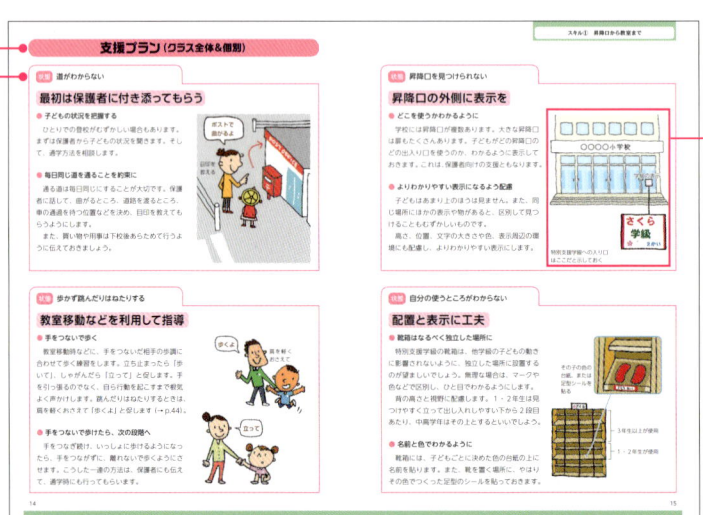

支援の具体的なよう
す。教師は子どもに
対してどういう位置
で支援するか、どう
いうことばかけをす
るか、物はどういう
配置にするかなど、
イラストや図表でわ
かります。

支援の実際

―― どこがむずかしいのか状態に応じて支援 ――

スキル 1

昇降口から教室まで

| 登校 | 朝の会 | 授業 | 係活動 | トイレ | 給食 | 掃除 | 休み時間 | 帰りの会 | 行事 |

どこがむずかしそうですか？

1. 自宅から学校までの歩行
2. 正しい昇降口の使用
3. 靴箱、傘立ての使用
4. 教室への順路

どのように？
- □ 道がわからない
- □ 歩かず跳んだりはねたりする
- □ 昇降口を見つけられない
- □ 自分の使うところがわからない
- □ いろいろ気になって寄り道する
- □ こだわり行動で寄り道する

12

子どもの姿

● 靴箱のあたりでうろうろしている

● 掲示板の前で立ち止まってじっと見ている

● 教室に黙って入る。声をかけても知らん顔

---

5 教室の出入り　　**6** あいさつ

☐ 教室の出入りでとまどう
☐ あいさつすることを知らない
☐ あいさつのタイミングがわからない

将来はこんなシーンが…

■ 学校へ、職場へ、毎日通えることが大事

　学校生活の第一歩は、毎日学校へ通えることです。しかも、この「目的の場所へ毎日通う」ということは、学校生活だけでなく、就労するうえでも大切なスキルになります。学校生活のスタートとして、身につけられるよう意識的に配慮します。

　自宅から学校までの行き帰りについては、保護者との連携が必要です。安全面に気を配るとともに、経路や途中ですることをパターン化して、通学が生活行為として定着するようにしてもらいます。

　学校では環境整備が重要になります。昇降口から教室までの順路を子どもの目線で見直してみます。靴箱や傘立ての場所はどうか、順路に余計な刺激がないかどうかなど考えてととのえます。ものの配置と表示がポイントになるでしょう。

状態に応じた支援プラン →

支援プラン（クラス全体＆個別）

> **状態** 道がわからない

最初は保護者に付き添ってもらう

● 子どもの状況を把握する

　ひとりでの登校がむずかしい場合もあります。まずは保護者から子どもの状況を聞きます。そして、通学方法を相談します。

● 毎日同じ道を通ることを約束に

　通る道は毎日同じにすることが大切です。保護者に話して、曲がるところ、道路を渡るところ、車の通過を待つ位置などを決め、目印を教えてもらうようにします。

　また、買い物や用事は下校後あらためて行うように伝えておきましょう。

> **状態** 歩かず跳んだりはねたりする

教室移動などを利用して指導

● 手をつないで歩く

　教室移動時などに、手をつないだ相手の歩調に合わせて歩く練習をします。立ち止まったら「歩いて」、しゃがんだら「立って」と促します。手を引っ張るのでなく、自ら行動を起こすまで根気よく声かけします。跳んだりはねたりするときは、肩を軽くおさえて「歩くよ」と促します（→p.44）。

● 手をつないで歩けたら、次の段階へ

　手をつなぎ続け、いっしょに歩けるようになったら、手をつながずに、離れないで歩くようにさせます。こうした一連の方法は、保護者にも伝えて、通学時にも行ってもらいます。

スキル① 昇降口から教室まで

状態 昇降口を見つけられない

昇降口の外側に表示を

● どこを使うかわかるように

　学校には昇降口が複数あります。大きな昇降口は扉もたくさんあります。子どもがどの昇降口のどの出入り口を使うのか、わかるように表示しておきます。これは、保護者向けの支援ともなります。

● よりわかりやすい表示になるよう配慮

　子どもはあまり上のほうは見ません。また、同じ場所にほかの表示や物があると、区別して見つけることもむずかしいものです。

　高さ、位置、文字の大きさや色、表示周辺の環境にも配慮し、よりわかりやすい表示にします。

特別支援学級への入り口はここだと示しておく

状態 自分の使うところがわからない

配置と表示に工夫

● 靴箱はなるべく独立した場所に

　特別支援学級の靴箱は、他学級の子どもの動きに影響されないように、独立した場所に設置するのが望ましいでしょう。無理な場合は、マークや色などで区別し、ひと目でわかるようにします。

　背の高さと視野に配慮します。1・2年生は見つけやすく立って出し入れしやすい下から2段目あたり、中高学年はその上とするといいでしょう。

● 名前と色でわかるように

　靴箱には、子どもごとに決めた色の台紙の上に名前を貼ります。また、靴を置く場所に、やはりその色でつくった足型のシールを貼っておきます。

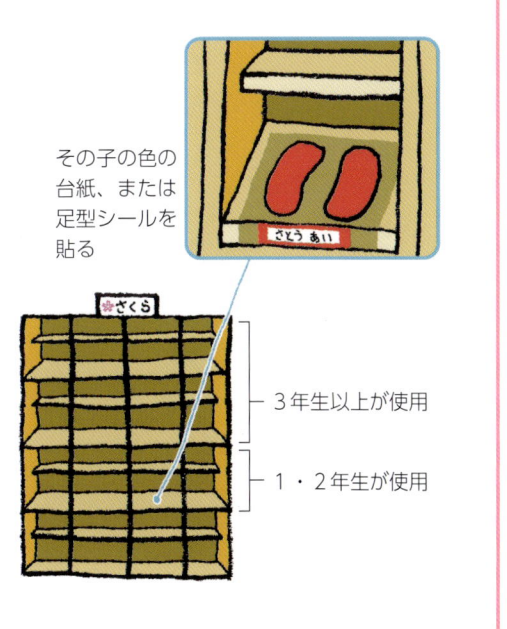

支援プラン（クラス全体＆個別）

状態　いろいろ気になって寄り道する

目に入るものの調整を

● **教室への動線がわかるよう表示しておく**

環境面の整備として、昇降口から教室まで、また逆に教室から昇降口までの動線を矢印などで示し、たどっていけるようにしておきます。

● **余分な掲示物を減らす**

教室までの順路にあたる場所の掲示物をなるべく減らします。必要最小限の掲示にするよう、学校全体で協力体制をとってもらいましょう。

掲示板の少し高めの位置に貼る、その子が興味をもちそうなものは別のところに貼る、などの工夫もするとよさそうです。

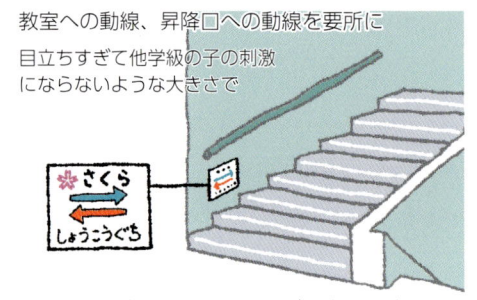

教室への動線、昇降口への動線を要所に
目立ちすぎて他学級の子の刺激にならないような大きさで

掲示物は最小限にしてできるだけ寄せて貼る

状態　こだわり行動で寄り道する

こだわりは認めて約束ごとを決める

● **回数や順番を約束**

特にさしさわりのない行動であれば、厳しく禁止するのでなく、認めて約束ごとを決めます。回数や順番を約束にするといいでしょう。ほかの職員にも知らせておけば協力体制もスムーズです。

● **「約束どおり」を徹底**

約束が守れないときは「○○ちゃん、違うね」と注意し、約束どおりにさせるようにします。この対応も学校全体で徹底することが大切です。

はい、そこでおしまい。教室に行くよ。

スキル① 昇降口から教室まで

> 状態　教室の出入りでとまどう

教室の出入り口の交通整理を

● 使う戸を決めておく

　教室の出入り口には、どの戸を開けて入るのかがわかるように、文字や絵で示しておくといいでしょう。両開きの引き戸は、どちらか一方だけを使うように決めて、使わないほうには×印や「しめる」の文字のシールを貼っておきます。

● 入る・出るをわかりやすく

　出入り口で、教室に入る人と出る人がぶつかりそうな場合、戸をはさんで廊下側と教室側の床に「はいる」「でる」のシールを貼っておくと、うまくすれ違えるようになります。

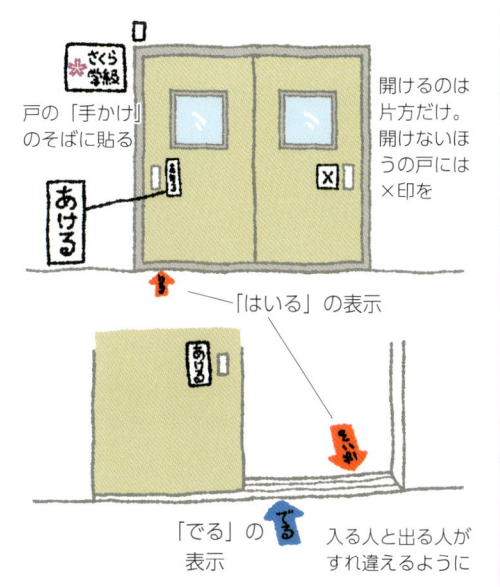

> 状態　あいさつすることを知らない、あいさつのタイミングがわからない

あいさつのモデルを示す

● 補助役の教師や保護者と

　あいさつをすることをまだ学んでいない子には、モデルを示してあいさつを教えます。
　まず「○○くん」と声をかけ、注目させてから、「おはようございます」と言います。返事ができないようなら、補助役の教師か保護者が、その子のすぐ後ろから、小さな声で「おはようございます」と言って促します。

● 定着したら…

　この方法であいさつのことばが言えるようになったのに黙っているときは、「何と言うの？」と促すようにしていきます。

スキル 2

持ち物を整理する

| 登校 | 朝の会 | 授業 | 係活動 | トイレ | 給食 | 掃除 | 休み時間 | 帰りの会 | 行事 |

どこがむずかしそうですか？

1. 朝の持ち物整理の順番
2. 置き場所
3. 自分のものと人のものの区別
4. たまに持ってくるものの整理

どのように？
- □ 整理の手順がわからない
- □ 何をどこに置くかわからない
- □ 自分の持ち物がわからない
- □ 遊んでしまう
- □ 気持ちがすぐにそれる
- □ 注意集中が続かない

子どもの姿

●ランドセルの中身を全部出して、そのあとがわからない

●散らばって、誰のかわからなくなる

●持ち物で遊んでいる

将来はこんなシーンが…

■身辺自立、円滑な対人関係のために重要

　持ち物を整理する第一歩は、自分のものとほかの人のものとの区別ができることです。それで、まわりの人とのトラブルを避けることもできます。

　そのうえで、持ち物を時と場面に応じて取り出したりしまったりすることができるようになることが、身辺自立の基本となります。

　片づけは「もとのところに戻す」という行動にほかなりません。置き場所を決め、そこに戻すことを習慣づけていきます。

　整理の方法や片づけの手順を考えることは、物の出し入れがスムーズにいくようにするための作戦でもあります。どうすれば子どもの動きがスムーズになるか、考えて支援します。

状態に応じた支援プラン →

支援プラン（クラス全体＆個別）

> **状態** 整理の手順がわからない

朝のしたくの手順を示しておく

● **ランドセルをおろしてすることを**

教室に入ってから、朝の会までに子どもがすることを、黒板や掲示ボードを使って示しておきます。番号をふり、すること（手順カード）を順番に貼りましょう。

こうすることで、子どもたちは、ランドセルをおろしてから何をどういう順番ですればいいのかがわかり、行動の見通しがつきます。

● **ことばは短く、読んですぐわかるように**

手順カードのことばは短く、読んですぐにわかるものにします。

子どもの実態に合わせて、
・写真を使用した表示にする
・絵を使用した表示にする
・漢字も使用した表示にする

など、方針を決めます。写真がいちばん具体的ですが、限定的にもなります。

● **子どもに合った並べ方に**

子どもによって、ものの見え方、理解のしかたはさまざまです。縦書きのカードを横に並べた場合、番号が書いてあっても、右から読むのか左から読むのか混乱する子もいます。そういうときは、横書きのカードを上から順番に並べたほうが理解しやすいかもしれません。

● **文字の色やカードの大きさも考慮**

見えやすい文字の色、太さ、大きさがあります。また、提示するカードは、大きすぎても子どもの視野に収まりきれず適切な注意や関心を引き出すことにつながりません。適度な大きさにします。

朝のしたくの手順と手順カードの文例

	手順	手順カードの文例
1	机にランドセルを置く	
2	連絡帳を出す	れんらくちょう
3	筆箱を机に入れる	ふでばこ
4	ナフキンを机に入れる	ナフキン
5	ランドセル、上着を棚に入れる	ランドセル
6	名札をつける	なふだ
7	自分のカレンダーに印をつける	カレンダー
8	係の仕事をする	かかり
9	自由遊びをする	

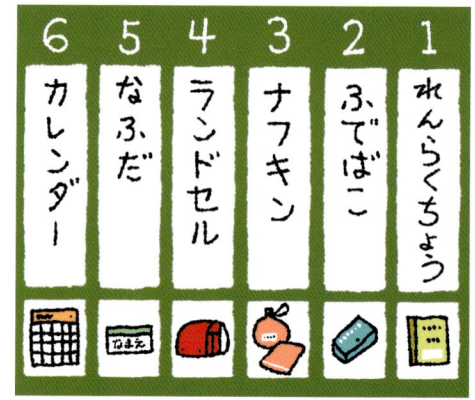

行う順に番号をふり、カードを貼る
ことばは短く。絵をそえるといい。日によって不要なカードもあるので、カード自体に番号をつけるのは避ける

どちらが見やすいかな？

スキル②　持ち物を整理する

> 状態　何をどこに置くかわからない

連絡帳の置き場所にひと工夫

● **連絡帳はジッパーつきのクリアケースに**

ジッパーつきのクリアケースを連絡帳入れにすると、お知らせプリントや家庭からのお便り類も入れることができ、便利です。このケースのまま、連絡帳のやりとりをします。

● **置き場所は1人ずつ区切って**

連絡帳を提出する場所は、朝や帰りのしたくをしている子どもの動線と交錯しないような、たとえば教室の横の壁面、黒板横の棚の上などに設けます。できれば1人ずつ区切った棚やポストを用意し、そこに入れるようにします。

帰りも各自そこから取り出して持ち帰ります。

連絡帳の置き場所1

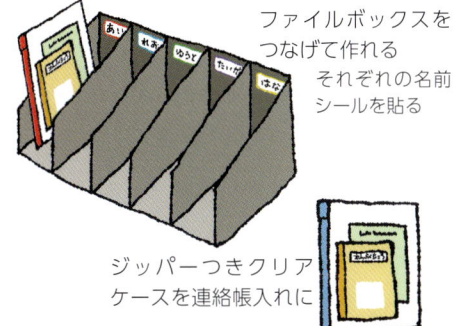

ファイルボックスをつなげて作れる
それぞれの名前シールを貼る

ジッパーつきクリアケースを連絡帳入れに

連絡帳の置き場所2

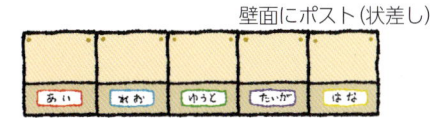

壁面にポスト（状差し）

※ランドセルの棚とは別にする

> 状態　何をどこに置くかわからない

シールやラベルで明確に表示

● **教室の後方の棚に**

ランドセルやバッグなど持ち物を入れる棚には一人ひとりの名前シールを貼ります。棚の中にもランドセルの絵や写真を貼って、何をどこに置くかわかるようにしておきます。低学年の場合は、靴箱の名前シールで使った、その子の色の台紙を使います。

子どもの動きや子ども相互の関係を考慮し、それぞれが使う位置を決めましょう。

● **着替え入れにはかごなどを用意**

着替え用の衣類の整理には、かごが便利です。プラスチック製の浅いものでも大丈夫です。

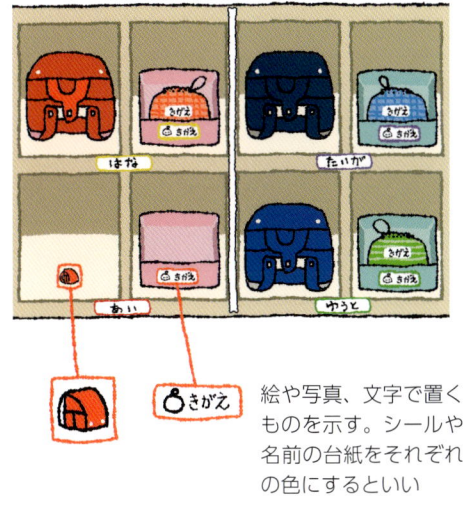

衣類はかごに入れると整理しやすい

絵や写真、文字で置くものを示す。シールや名前の台紙をそれぞれの色にするといい

支援プラン（クラス全体＆個別）

状態　何をどこに置くかわからない

決まったフックにかける

● 1つのフックに1つのもの

体育着や給食着、タオルや上着などは、1つずつ別のフックにかけます。何をどこにかけるのか明確になること、とったりかけたりがひとりでもスムーズにできることなどが、その理由です。

● 設置場所を考える

フックは、使う場所や目的と、子どもたちの動線を考慮して設置します。

教室や廊下の壁面を上手に利用し、たとえばタオルは流しのそばにするなど、使う場所になるべく近いところに設置するよう工夫します。フックの突起が危険でないかどうかも配慮します。

かけるものを示す文字や絵と名前シールを貼る

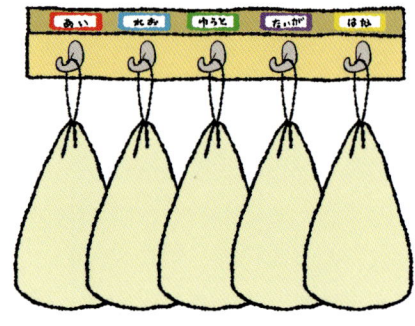
子どもの動線を考慮し、使う場所になるべく近い壁面に

状態　自分の持ち物がわからない

自分で管理しやすい工夫を

● 持ち物は最小限に

持ち物に名前をつけるのは当然として、子どもが自分で管理できるような工夫もしてみましょう。

筆箱は、自分が何をもっているのか判断できるように、入れるものを限定します。

● シールで番号や定位置を示しておく

鉛筆には名前のほかに番号のシールを貼ります。筆箱にも鉛筆の番号シールと「けしごむ」シールを貼って、その位置に置くようにさせます。

使ったら必ずそこに戻す習慣をつけるとともに、足りないときは教師に申し出るようにさせ、探す方法を支援します。

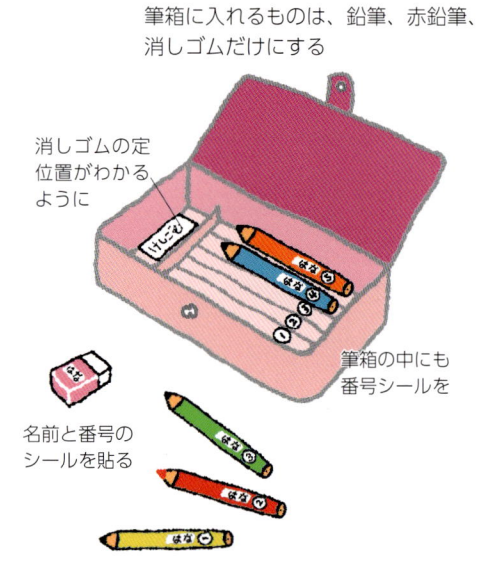
筆箱に入れるものは、鉛筆、赤鉛筆、消しゴムだけにする

消しゴムの定位置がわかるように

筆箱の中にも番号シールを

名前と番号のシールを貼る

スキル② 持ち物を整理する

> 状態　遊んでしまう、気持ちがすぐにそれる、注意集中が続かない

必要なものだけ入れておく

● たとえば机の中は…

　衝動性や注意集中の困難がある子、こだわりがある子などは特に、机の中にいろいろ入れておくと必要でないときに出して遊んでしまいます。最小限にとどめるのがいいでしょう。また、机のわきに何かかけるのは避けます。足にあたり、気がそれて授業に集中できなくなる場合があります。

● 使う道具類や教材はそのつど渡す

　その他の道具類は、教師が種類ごとに集めて棚などに置いておく、あるいは個別の道具箱の中に整理してしまわせ、棚の中に入れておくなどします。そして、使うときに子どもに渡します。

道具箱のふたと本体を並べておき、その中に入れる

> 状態　何をどこに置くかわからない

机上の整理整頓を習慣づける

● 見本のとおりに置く練習

　学習や作業をしやすくするためには、机の上が整理されていることが大切です。配られた道具類を、見本と同じようにセッティングできるように練習させます。

　見本は、子どもの状態に応じたレベルのものを用意します。

①絵の上に実物をマッチングさせる

②実際に机上に置いたものをモデルに

● 作業の流れを考慮して

　セッティングは作業の流れを考慮して行います。どこに何があると作業しやすいか、手順に沿っているかを考えて、見本を示しましょう。

③黒板に提示した見本をモデルに

スキル 3

一日の活動の流れを理解する

| 登校 | 朝の会 | 授業 | 係活動 | トイレ | 給食 | 掃除 | 休み時間 | 帰りの会 | 行事 |

（吹き出し：「もう帰る」「今日、体育やるの？」）

どこがむずかしそうですか？

1. **日付・曜日の理解**
2. **時間割があることの理解**
3. **自分の時間割の把握**
4. **時間割に沿って行動すること**

どのように？
- □「月」「日」「曜日」の理解が未定着
- □日付がわからない
- □時間割に関係なく勝手なことをする
- □自分が今日何をするかわからない
- □行動が切り替わらない
- □人と自分の時間割の区別がつかない

子どもの姿

●今日は何をするのか、不安でいっぱい

●いつ何をするか、わかっていない

●早帰りの子がいると、いっしょに帰ろうとする

5 予定変更に対応すること

□予定変更で不安やパニックが起こる

将来はこんなシーンが…

■予定の理解から行動のプランへ

　就学後、まず始めるのは一日の流れの理解です。学校では一定の時間ごとに活動を切り替えていきますが、マイペースな子どもは、たとえば、チャイムや教師の声かけでそれまでしていたことをやめ、次の行動に移るところでつまずいてしまいます。この段階をクリアするには、前もって見通しをもたせることと切り替えることを根気よく指導していく必要があります。

　一日の流れを理解し、その予定に従って切り替えながら活動していくことができるようになったら、「用意して待つ」ことを学ばせます。休み時間のうちにトイレに行ったり水を飲んだり、学習の準備をするなどのトレーニングです。

　こうした行動上のプランニングは知的に高い子どもでもむずかしいものです。まずは○分前に○と○をして待つなど、パターン化していきます。そして、行動の優先順位や手順を考える力へとつなげていきます。

状態に応じた支援プラン

支援プラン（クラス全体＆個別）

> **状態** 「月」「日」「曜日」の理解が未定着、日付がわからない

日付意識をつける活動を取り入れる

● **カレンダーの丸つけを朝のしたくのなかで**

今日が何日かの理解がまだ定着していない子どもには、登校してからする手順のなかに、カレンダーへの丸つけも組み入れます（p.20）。それぞれの子どもの専用カレンダーを壁に貼っておき、各自その日の日付に丸をつけるようにさせます。

● **日付調べのやりとりを教師と**

朝の会で日付調べをします。「何日？」「何月？」「今日、何曜日？」「明日、何曜日？」のような質問をして、月、日、曜日とは何か、何を答えればいいのか理解させます。やりとりの方法は子どもの理解の段階に合わせて工夫します。

丸をつけたところが今日だと意識させる

①言われたカードを選ぶ、②マッチングさせる、③自分で選ぶ、④書くなど段階に合った方法で

> **状態** 時間割に関係なく勝手なことをする、自分が今日何をするかわからない、行動が切り替わらない

その日のスケジュールを提示する

● **朝の会でその日の時間割を確認**

毎朝必ず、その日の時間割の確認をします。
それが一日のスケジュールであることを理解させ、一連の活動に取り組んだのちに下校できることを知らせます。

● **週単位の時間割はいずれ理解できるように**

子どもにとって重要なことは、週の時間割を覚えることより一日の予定を知ることです。一日中確認ができるよう、口頭で知らせるだけではなく黒板に掲示しておきます。

手順やスケジュールを示すときには必ず番号をふる

子どもの理解に合わせ、たとえば低学年の場合は絵カードも貼る

スキル③　一日の活動の流れを理解する

> 状態　自分が今日何をするかわからない、人と自分の時間割の区別がつかない

誰のスケジュールかわかるように

● それぞれのスケジュールを確認する

　複数学年の子がいてスケジュールが異なる場合は、それぞれの子どもがわかるように表示します。
　「3時間目、○○さんは交流学級です」「△△さんは給食が終わったら帰ります」のように、ほかの子どもと違う動きをする部分は、みんなにもわかるように示します。

● 個別のホワイトボードで

　予定をまとめて表示することで混乱する場合は、その子のスケジュールを小さいホワイトボードなどに掲示し、個別で確認します。

> 状態　予定変更で不安やパニックが起こる

見通しが立つようにしておく

● 時間割はできる限り毎日同じに

　可能な限り、一日の流れは同じになるように設定します。変化に弱く見通しをもつことが苦手な子どもたちは、一定の流れで生活することで安定し、繰り返しのなかで「○○したら△△する」の見通しをもつことができるようになります。

● 変更の可能性を知らせておく

　想定外の出来事に強い不安を感じる子どもがいます。想像したり推し量ったりが苦手なためで、事前にわかっていればいくらか安心できます。天気に左右される学習内容など、変更の可能性があるものは前もって知らせておくようにします。

雨が降ったら図書の時間にします

スキル

必要なとき着席している

| 登校 | 朝の会 | 授業 | 係活動 | トイレ | 給食 | 掃除 | 休み時間 | 帰りの会 | 行事 |

どこがむずかしそうですか？

1. していたことをやめて着席すること
2. 着席し続けること
3. じっとしていること
4. 注目すること

どのように？

- □ 着席すべきことがわからない
- □ 行動の切り替えがむずかしい
- □ 姿勢の保持がむずかしい
- □ じっとしているのがむずかしい
- □ 注意集中が続かない
- □ 気持ちがそれる

子どもの姿

● 朝の会が始まっても遊び続けている

● 席には着いても、落ち着きがない

● 気になるものに関心が向いて、教師に注目できない

| 5 話を聞くこと | 6 指示に従うこと |

☐ 関心が次々と変わってしまう
☐ 見るべきところがわからない
☐ 指示内容がわからない

将来はこんなシーンが…

■ 学校だけでなく社会生活に不可欠

　好きな場所で気ままな姿勢ですごすことの多かった子どもたちにとっては、着席してじっとしていることはむずかしい行為ですが、朝の会などの活動をとおして根気よく、身につけさせる必要があります。

　決められた席に座って落ち着いていられることは、学校生活のなかだけで必要な力ではありません。電車、バスなどの交通機関、図書館、レストラン、映画館など、公共の場所でも必要です。さらに、就労先の仕事の形態によっては、座った状態で作業をすることもあるでしょう。

　座って学習に取り組むこと、座って決められた時間まで待つことなどができるようにしていきます。

状態に応じた支援プラン →

支援プラン（クラス全体＆個別）

> 状態　着席すべきことがわからない

着席する時間だと伝える

● 朝の会（授業）だと伝えて着席を促す

　リーダーが「朝の会（授業）を始めます」と告げ、着席するよう伝えると同時に、自分が着席のモデルになります。これを受け、補助役の教師は、「座ります」とそれぞれの子どもに声をかけて、着席を促します。

● 手をつないで、根気よく

　指示どおりできない子どもは手をつないで連れてきて座らせます。床に座り込んで動かない子どもも、抱きかかえたりおんぶしたりはせず、根気よく促します。立ちそうな子どもがいたら、肩に手を置いて「座ります」と言って制止します。

> 状態　行動の切り替えがむずかしい

「遊びの時間は終わり」を伝える

● 明確な態度で

　子どもは急に「おしまい」と言われても遊びをやめられません。「休み時間はあと◯分で終わり」「◯回したら終わり」のように予告し、見通しをもたせます。それでやめられないときは、明確な態度で「遊びの時間は終わり」と伝え、その場から離れず促します。

● 手伝うのは確認してから

　自分から片づけられない場合は教師が手伝いますが、必ず「先生も片づけます。いいですか？」のように確認します。いきなり手を出すと、邪魔や余計なことをされたと感じる子どももいます

スキル④　必要なとき着席している

> 状態　姿勢の保持がむずかしい

「いい姿勢」のポイントを教える

● 見本とことばで

すぐに姿勢がくずれ、前を向き続けるのがむずかしい場合、「ちゃんと座って」と言うだけでは姿勢を直すことはできません。「いすの背に背中をつける」「両足は床につける」「へそは先生に向けて」のように具体的なことばで教えます。写真やイラストで見本を見せるのもいいでしょう。

● できる時間を少しずつ延ばす

いい姿勢ができているときに「いいね」「それでいいよ」とほめます。姿勢はまたくずれたとしても、どういう姿勢がいいのかの意識づけができ、少しずつできる時間が延びていくでしょう。

Column　行動の切り替えを促す

● なかなか遊びをやめられない子どもには…

注意の切り替えの力が弱い、興味の偏りがあるなどで、していた遊びをなかなかやめられない場合、対応で大切なのは教師が態度を変えないことです。

対処法	声かけの例	注意点
①遊びの時間は終わっていることを告げる	・やめます ・おしまい。片づけましょう	子どもが従うまでその場を離れない 首尾一貫、明確な態度で臨む 遊び道具を入れる箱を示し入れるよう促す
②時間や回数を予告してやめさせる	・あと2分で終わりです ・あと1回で終わりにします	必ず予告する 遊び道具を強制的に取り上げない
③片づけができない場合、声をかけて手伝う	・先生も片づけを手伝いますが、いいですか ・先生はこれを片づけるので、○○くんはこれをしまって	いきなり片づけ始めない 片づけが少しできれば「できたね」とほめ、あとは教師が片づけてもかまわない
④なお従わない場合は、別室に連れていく	・残念！　クールダウンのスペースに行きます	「どうするの？　朝の会には出ないの」などと説教したり質問したりしない 別室では遊ばせず座らせ、片づける気持ちに切り替わるまで待つ
⑤周囲の状況に気づかせる	・今みんなは何をしている？	周囲の状況に気づかせても従えないときは①に戻る

支援プラン（クラス全体＆個別）

> **状態** じっとしているのがむずかしい、注意集中が続かない、気持ちがそれる

うまくいっている状態を理解させる

● **いすを押さえて補助**

多動傾向があり落ち着きのない子どもで、からだをゆすっていすを鳴らすような場合は、補助役の教師が静かにいすを押さえたり踏んだりしてカタカタ鳴らないようにします。

● **プラス評価の経験で動機づけ**

作業や話に集中するのがむずかしい子どもには、注意がそれたときにうしろから「見て」「聞いて」と、その子だけに聞こえる小さな声で言います。

集中できているときは、「見ているね」「聞いているね」と、できていることをやはり小さな声で評価して、いい状態が増えるようにします。

> **状態** 注意集中が続かない、気持ちがそれる、関心が次々と変わってしまう

席の配置にひと工夫

● **子どもの特性を考慮して決める**

互いに影響し合い、集中ができなかったり続かなかったりする状態にならないよう席を配置します。まわりに影響されてしゃべったり動いたりする子どもは、両側に人がいると落ち着かなくなるので端にします。影響が片側だけになるからです。

● **優先させることを見定めて**

席が2列以上になる場合、後列ほどまわりの動きが視覚的な刺激となるので集中させたい子どもを前にしますが、席には限りがあります。注目や集中の度合い、ほかの子との関係、補助の方法など、優先させることを見定めて、席を決めます。

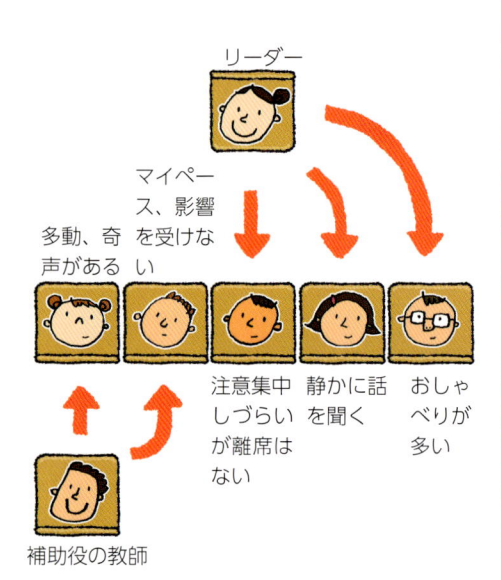

スキル④　必要なとき着席している

状態 注意集中が続かない、見るべきところがわからない

教師に注目することを教える

● 動作模倣などで力を育てる

　歌いながら手指を動かす手遊び歌などで、教師に注目する力をつけます。

　教師の動きに注目すること、手や指をうまく動かすこと、左右の動きの違いに気づくこと、教師を見ながら自分の手指を動かすこと、相手の動きに合わせることなど、活動のねらいを意識して、曲や動作を選ぶようにします。

● 視覚的な手がかりに注目させる

　子どもたちの多くは、絵や写真、カードなどによって注目します。重要なことのみを表現したシンプルなものを使って注目させます。

動作の模倣に集中させたいときは、歌は歌わず動きだけに

状態 指示内容がわからない

指示は子どもにわかることばでシンプルに

● わからないと落ち着かなくなる

　せっかく注目しても、教師の指示が明確でないと、子どもたちはとたんに落ち着かなくなります。指示のことばは子どもにわかりやすく具体的であること、めりはりがあり、気を引く声の大きさや調子であることが大切です。

● ことばの構造化を

　長々とした一本調子の指示では、子どもたちを引きつけられません。すべきことが明確になるように、重要なことを短いことばで表現します。こうした構造化された指示を繰り返すことで、誰が出しても理解できるようになります。

まだ座っていない子がいますね。勉強を始めていいかなあ。始めようか

座ってください。勉強を始めます

・指示はシンプルに
・言い方を同じにすると誰が出してもわかる指示になる

スキル 5

学習課題に取り組む

| 登校 | 朝の会 | **授業** | 係活動 | トイレ | 給食 | 掃除 | 休み時間 | 帰りの会 | 行事 |

どこがむずかしそうですか？

1. 課題への取り組み方（学習方法）
2. ひとりで課題を進めること
3. 教師の手助けを受けること
4. 自分の学習課題に集中すること

どのように？
- □課題のやり方がわからない
- □課題が複数あると混乱する
- □教師の声かけを待っている
- □手助けの意図がわからない
- □教師の指示どおりにせず勝手をする
- □まわりの動きが気になる

34

子どもの姿

●机の上に課題を置いたまま何もしようとしない

●教師の指示に従わず、勝手に進めてしまう

●自分の課題より、ほかの子の課題が気になってよそ見ばかり

5 課題を終えたあとのすごし方

□注意集中が続かない
□手持ちぶさたになると落ち着かない

将来はこんなシーンが…

■できる喜び、わかる喜び

　知らなかったことを知ること、わからなかったことがわかるようになること、できなかったことができるようになることは、どの子にとってもうれしいことです。

　この喜びを得るためには、上手に学び、教わる力が必要になります。特別支援学級の子どもたちは、ひとりで学ぶというより、誰かに教わりながら、支援を受けながら学んでいくことが多いでしょう。自分のやり方に固執したり、助けてもらうことを拒んだりしては、新しいことを学べません。

　指示を聞き、モデルを見て、まずそのとおりにしてみようとすること、根気よく取り組めること、失敗してもあきらめないことが、上手に学び、教わる力となるでしょう。

　そしてさらに大切なのは、困ったとき助けを求めること、手助けを受け入れることです。これは生涯にわたって必要な力となります。

状態に応じた
支援プラン →

支援プラン（クラス全体＆個別）

状態 さまざまな状態

学習課題作成のポイント

● **課題のねらいをしぼる**

子どもの目標に合わせて取り組ませる課題を設定します。ねらいは、たとえば「数を数える」「数の分だけ並べる」のように、できるだけしぼります。

● **課題の手続きは途中で変えない**

1回の学習のなかで課題の手続きを変えると、子どもが混乱し学習内容の定着がスムーズにいきません。変えるのは次回にします。

プリント課題の場合も同様です。1枚のプリントに手続きの異なる問題はのせません。特に対になる概念（たとえば大・小など）に取り組ませる場合、一方の概念の問題に徹底して取り組ませ、次にもう一方の概念、そして最後に両方の概念がまじった問題に取り組ませます

● **課題の紙の大きさ、分量にも配慮**

教師がプリント課題を作成するとき注意したいのは、紙の大きさと分量です。

大きすぎる紙は、子どもが扱ううえでも全体の量を把握するうえでも困難となります。1枚のプリントにのせる問題の量は少なくします。少ない量ほど、子どもたちは「簡単!!」と意欲的に取り組みます。まちがったとしても、次のプリントですぐにリセットできます。

子どもの状態に合わせて、A5・B5・A4サイズの紙に1問から5問程度の問題を、見やすくなるよう間隔をあけてのせます。気持ちがそれないよう、余分な刺激となる不要な絵などはカットします。

> 状態　さまざまな状態

学習環境整備のポイント

● **子どもが相互に影響しないような机配置に**

　子どもの発達段階や特性に応じて取り組む課題が異なります。そこで、互いに刺激になったり影響し合ったりしないよう、机の配置を工夫します。

　可能なら、さらに学習に集中できるよう、視覚情報を制限するパーテンションも利用します。

● **1対複数の対応ができる態勢に**

　必ずしも子どもの数と担任の数は一致しません。個別学習の際は1人の教師が複数の子どもの学習をみることになります。

　担任はそれぞれどの子を受け持つかを決めます。また、ひとりで学習が進められる子どもには、教師といっしょにする課題と、ひとりで取り組むことができる課題とを組み合わせて用意しておき、無理なく個別対応の時間がとれるようにします。

　パニックになるなど、突発的な対応が必要な場合の動き方も決めておきます。基本的には、リーダーが適宜指示します。

● **課題提示と提出の方法を構造化**

　課題は1つずつ教師が渡す場合と、あらかじめセットしたものを渡してひとりで取り組ませる場合があります。いずれにしても、取り組む順番や終わったものを置く場所を明確にしておくと、机の上が混乱しません。

　ひとりの場合は、トレーや浅いかごを利用して、左のトレーから順に課題を取り出し、終わったら右のトレーに入れていく、というようにするといいでしょう。学習中はできるだけ子どもが立ち歩かないですむように、使う道具もセットしておきます。

やり方がわかればひとりでできる

見守りと声かけが必要

支援を待つことができる

常に学習の確認と支援が必要

課題ごとにホルダーに入れ、順番に重ねる。

ホルダーに入らないものは材料を箱に入れてからトレーに入れるなど工夫する

左のトレーから順に課題を取り出し、終わったら右のトレーに入れていく

支援プラン（クラス全体＆個別）

状態 課題のやり方がわからない、課題が複数あると混乱する、教師の声かけを待っている

取り組む課題の見通しをもたせる

● 1対1で教える

はじめての課題は必ず教師が1対1で、考え方、手順、手続きを教えます。できるようになったら徐々に教師の支援を減らし、ひとりでできる課題の位置づけにしていきます。

● スケジュール表を利用する

取り組む課題の内容、量、順番の見通しをもたせるためにスケジュール表を利用します。

ただ、できるはずの課題でも、自信のない子、不安の強い子の場合は、はじめの取り組みをいっしょにし、安心させます。

> できるはずでしょ！
> 先生といっしょにやってみようか

状態 手助けの意図がわからない、教師の指示どおりにせず勝手をする

手助け拒否や勝手には理由を見極めて対応

● 手伝うときは適切に声をかけてから

正しいやり方を教えたくても、手助けをいやがる子は、手助けの意図がわからず邪魔をされたと感じているかもしれません。まずは「ストップ。先生が教えます」のように声をかけ一旦行動を止めてから、手助けするようにします。

● 勝手は放置せずすぐに対応

ただ見守っていて、失敗させてしまうのは得策ではありません。勝手をするときは、理由（こだわり、課題のレベル・量・好き嫌い、体調など）を考え、支援の方法を検討します。

> 課題の意味がわからない？
> 集中が切れた？
> 自分のやり方にこだわっている？

スキル⑤　学習課題に取り組む

状態　まわりの動きが気になる、注意集中が続かない

環境と課題の調整が必要

● 余計な刺激が入らないように

　注意集中の力が弱い子どもの場合、パーテーションで簡単に区切ってあっても、どうしてもまわりが気になってしまうことがあります。机を壁に向ける、完全に囲むなどの方法も試みます。

● 無理なく集中できる時間と分量に分ける

　意欲と根気は別ものなので、「できる！」と言った子でも集中が続かず途中で投げ出すことがあります。集中できる時間に合わせていくつかの課題を組み合わせ、1つが終わるごとにチェックする（○をつける、シールを貼るなど）方法も試しましょう。

状態　手持ちぶさたになると落ち着かない

終了後にすることを伝えておく

● 課題スケジュールに入れておく

　取り組みが素早く、すぐに課題が終わってしまう子どももいます。用意された課題を全部終えると待つことができず、落ち着かなくなる場合は、スケジュール表に課題が全部終わったあとのことも記すようにします。

● 「○○したら△△する」の指示で

　個別の学習課題だけでなく、することがなくなったときに落ち着かなくなる傾向の子どもには、「○○したら△△する」というように、次の行動の見通しがもてる指示の出し方は有効です。

スキル 6

係・当番の仕事をする

| 登校 | 朝の会 | 授業 | **係活動** | トイレ | 給食 | 掃除 | 休み時間 | 帰りの会 | 行事 |

どこがむずかしそうですか？

1. **仕事や役割を理解すること**
2. **忘れずに仕事をすること**
3. **最後まで仕事をすること**
4. **協力して仕事をすること**

どのように？
- □ 何をすればいいのかわからない
- □ したいことを優先する
- □ 仕事の中身がむずかしい
- □ 途中で気持ちがそれる
- □ 人に合わせることがむずかしい
- □ 相手のようすを見ることがむずかしい

子どもの姿

● 仕事がむずかしくてうまくできない

● 仕事の途中で違うことを始めてしまう

● ペアでする仕事で、相手と調子が合わせられずうまくいかない

5 当番の人に
　協力すること

□ 当番の仕事をとってしまう
□ 当番の邪魔をする

将来はこんなシーンが…

■ 達成感・自己有用感を育てる

　人は、自分が人の役に立っている、誰かに必要とされていると思えることで、自分自身の存在意義を感じることができます。大人になって職業をもつのは、1つには経済的自立のためですが、もう1つに、この精神的充足を得るという点も見逃せません。「自己有用感」という語で表現されることもある充足感です。

　子どもたちが与えられた仕事をやり遂げたときに感じる達成感は、この充足感につながっていくものです。

　生活のなかで支援を受ける場面が多い子どもたちですが、だからこそ、能力に応じたちょっとした仕事をこなし、「自分はこれができる」「きちんと仕事ができた」と感じる場面をつくっていくことは大事といえるでしょう。

　登校してから帰るまでのさまざまな場面で、短時間でできる、日々続けていける係活動を設けます。同じような仕事でも、子どもの特性に合わせて取り組み方を工夫することも必要なので、この点も留意します。

状態に応じた
支援プラン →

支援プラン（クラス全体＆個別）

> **状態** さまざまな状態

特性に合った取り組み方を工夫

● 係活動にふさわしい仕事を見つける

朝の係活動には右の表のようなものがあります。どれも簡単な作業ですが、クラスのみんなに役立つ仕事です。なお、教室の電気をつける、窓を開けるなど、登校してくる順番に影響される仕事は係活動には適さないので、避けたほうがいいでしょう。

係活動にふさわしい仕事

日付表示	黒板の「□がつ□にち□ようび」の□の部分にカードを貼る
日直表示	日直の名前を黒板に書く（名札カードあるいは写真・名前カードを貼る）
出欠調べ	専用の名簿を使って登校した子どもの名前に丸をつける
給食表示	給食のメニューカードを黒板に貼る
その他	出欠調べを保健室に持っていく、学級文庫を整理する など

● それぞれの子どもに合った仕事を

これらの仕事を、子どもの発達段階や指導のねらいに応じて設定します。曜日の名前を覚え始めた子どもに日付表示、クラスの子の名前と顔が一致しない子どもに日直表示などが考えられます。

> **状態** 何をすればいいのかわからない、したいことを優先する、途中で気持ちがそれる

スケジュールに組み入れる

● 朝のしたくの手順として

登校してから朝の会が始まるまでの手順は毎朝黒板に提示しておきますが、その手順のなかに係の仕事も組み入れておきます（→ p.20）。

途中で気がそれがちな子どもの場合、取り組ませる場所の環境や取り組ませ方を工夫します。

● 丸印やシールで仕事が終わったことを示す

係の一覧表を用意しておき、毎日仕事が終わったら○をつける、または教師がシールを貼る、という手続きにしておきます。明確な手続きがあることで、仕事を終えたことの意識づけができます。

カードは使う場所のすぐそばに

スキル⑥ 係・当番の仕事をする

> 状態　人に合わせることがむずかしい、
> 相手のようすを見ることがむずかしい

協力の練習機会を設ける

● 重いものを2人で持つ練習

　重いものを持ち上げるという動作は、2人の力加減、腕を上げる高さなどを合わせないとうまくいきません。合わせるためには相手の動きを見る必要があるので、協力の練習にいいでしょう。

● ペースを合わせて運ぶ練習

　持ち上げることができたら、運ぶ練習をさせます。歩くペースを合わせるだけでなく、重いものを持ち続ける集中力も必要です。どこにどれだけ力を入れたらいいかわからない子、姿勢を持続させるのがむずかしい子も多いものです。短い距離から始め、徐々に延ばしていくといいでしょう

「手をへその高さに」

> 状態　当番の仕事をとってしまう、
> 当番の邪魔をする

誰が何をするか明確に示す

● 誰が当番かわかるように表示する

　当番の仕事を勝手にしてしまうときは「○○さんは当番？」と問いかけ、当番表で確認し「○さんの次」と、具体的に順番を教えます。

● 当番以外は座って待つ約束に

　悪気はなく当番の邪魔になることをした場合は、「しません」と制止し、自分の席で待つようにさせます。こうすることで、当番の人とそうでない人を明確にします。

「きりつ」

スキル 7

並ぶ、歩く

| 登校 | 朝の会 | **授業** | 係活動 | トイレ | 給食 | 掃除 | 休み時間 | 帰りの会 | 行事 |

どこがむずかしそうですか？

1. 並ぶこと
2. 一定のスピードで歩くこと
3. 教師のそばを離れず歩くこと
4. 手をつなぐこと

どのように？
- □自分の位置がわからない（空間認知の力が弱い）
- □からだのコントロールが苦手
- □ほかの人の動きを意識できない
- □多動の傾向がある
- □衝動的に行動する

44

子どもの姿

●列から離れてしまう

●ぶつかったりたたいたり、トラブルを起こす

●手をつなぐのをいやがる

5 ひとりで交流学級に行くこと

☐感覚的な課題がある
☐行き先へのルートがわからない
☐イレギュラーへの対応がむずかしい

将来はこんなシーンが…

■目的地まで集中して往復することが通勤を可能に

　教室移動は、集団で行動することを学ぶ大切な機会です。多動や注意集中の困難がある子どもにはむずかしい活動ですが、行動のコントロールを学ぶ機会ともなります。

　特別支援学級では、この歩く練習をたびたび行うといいでしょう。つないだ手を放さない、並んだ相手の歩調に合わせる、前後の人との間隔や歩く速さに気をつけるなど、さまざまな注意集中を学ぶことができます。途中で集中が切れて座り込んだりする子どもも出ますが、根気よく練習を続けます。

　目的の場所まで集中して歩くこと、往復する力をつけることが、将来の通勤につながっていきます。

状態に応じた支援プラン　→

支援プラン（クラス全体＆個別）

> **状態** 自分の位置がわからない、からだのコントロールが苦手

整列時の距離感をつかませる

● **間隔は具体的なめやすで指示**

距離感がつかめないために、前の子どもとの間隔があきすぎたり、逆にくっつきすぎたりすることがあります。「少しつめて」「もうちょっとあけて」のような抽象的な表現では理解できない子も多いので、具体的なめやすを示します。

● **実際にしてみせる**

たとえば、「腕1本分（「前へならえ」の間隔）だよ」「肘の長さ（「小さく前へならえ」の間隔）だよ」と言って、実際にしてみせます。

（この形、肘の長さ、だよ）

> **状態** ほかの人の動きを意識できない、多動の傾向がある、衝動的に行動する

教師が手をつないで歩く

● **列を離れそうになったら強く握る**

列から離れて違うほうへ行ってしまうことの多い子どもの場合は、教師と手をつないで歩きます。手をつないで歩けるようになったら指を1本だけ握らせる、服の裾を握らせる、というように段階的に進め、いずれは手を放してもそばを歩けるようにします。

● **ぶつかったりたたいたりする子には…**

多動や衝動性があって、前後の子にぶつかったりたたいたりする子どもの場合は、教師が子どもの間に入って物理的にブロックします。口で繰り返し注意するより効果的です。

（行きません）

列を離れそうになったら「行きません」と手を強く握る

スキル⑦　並ぶ、歩く

状態 感覚的な課題がある

無理なく手をつなぐために

● 子どものほうから手を握らせる

　感覚過敏があって手を握られるのをいやがる子どもでも、自分から握るのは平気な場合が多いものです。「手をつないで」と手を差し出し、子どもにつかまらせるようにします。教師は危険なときだけ握り返します。

● 「教師にお任せ」にならないように注意

　教師の腕にしがみついたり、ぶらさがったりしたがる子どももいます。ひとりで歩くことができるように、ぶらさがってきたら教師は腕を下げ、ぶらさがれないようにします。

ぶらさがってきたら腕を下げて
ぶらさがれないようにする

状態 行き先へのルートがわからない、イレギュラーへの対応がむずかしい

ひとりで歩くための工夫と練習を

● 交流学級への道筋をたどれるように

　目的の場所へのルートがわからない場合、床や壁に目印をつけておき、たどって歩くようにさせます。交流学級まで行くときなどに有効です。

　ただ、人がたくさんいて道筋がふさがっていたりすると、そこを通れないという子どもがいたりするので、その対処も考えておく必要があります。

● カードや連絡帳を到着の合図に

　交流学級に到着したら決められた場所にカードや連絡帳を置くようにすると、到着の合図になります。サインや連絡事項を書いてもらって戻れば、教師間のやりとりもできます。

通して
ください

道筋がふさがっていたら言えるように

※ことばが出ない場合はまわりへのはたらきかけも考える

47

スキル 8

自分で着替えをする

| 登校 | 朝の会 | **授業** | 係活動 | トイレ | 給食 | 掃除 | 休み時間 | 帰りの会 | 行事 |

どこがむずかしそうですか？

1. 適切な場所で着替えること
2. てきぱき着替えること
3. 服をたたむこと、しまうこと
4. 身だしなみをととのえること

どのように？
- ☐ 人前で脱ぐ
- ☐ 着替えながら歩き回る
- ☐ 脱がずに着ようとする
- ☐ 服の前後や着方をまちがう
- ☐ 時間がかかる
- ☐ 脱ぎ散らかす

子どもの姿

●高学年になったのに、男子の前で平気で上着を脱ぐ

●前後ろに着ていることに気づかない

●着替えたあと、脱いだ服や袋を置きっぱなしにする

⑤ 適切な服装をすること

□服を上手にたためない
□だらしない着方をする
□気候や状況に合わない着方をする

将来はこんなシーンが…

■着脱の技術だけでなく何を着るかの判断もできるように

　学校生活において着替えが必要になるのは、体育のとき（体育着あるいは水着に着替える）、給食のとき、なんらかの理由で下着や衣服が汚れたときです。こうした機会をとらえて着脱の技術を身につけさせていきます。

　着脱には、自分のからだを思うように動かす運動能力や、同じ場所にとどまって1つのことを続ける注意集中、何から始めてどういう順番で行うかを考える実行機能などの力が必要となります。

　しかし、着脱の技術が身についたとしてもまだ十分ではありません。適切な場所で着替えをすることや、身だしなみに気をつけた感じのいい着方をすることなども、必要なスキルです。

　将来的には、TPOに合わせて服を替えたり選んだりすることができるようになると、衣生活はより充実します。

状態に応じた支援プラン ➡

支援プラン（クラス全体＆個別）

状態 人前で脱ぐ、着替えながら歩き回る

着替える場所を定める

● 男女別々は早い時期から

平気で人前で脱ぐなどの不適切な行動は、羞恥心の未発達、人の視線に無頓着などの理由で起こります。低学年のうちから別々の部屋で着替えさえる、パーテーションで分けるなどの方法で、男女別での着替えを習慣づけるようにします。

● 場所を限定する

多動傾向の子どもの場合、床に置いた輪の中、段ボール板の上というように場所を定め、必ずそこで着替えさせます。床に風呂敷を置いて正座で着替えさせるのも有効です。着替えを置く場所も含め、位置カードを用意するのもいいでしょう。

体育着に着替えるときの位置カード

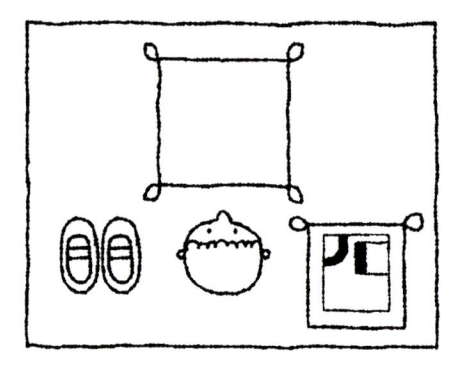

着替えのときの物の配置を示している
①上ばきを脱ぐ
②正座
③体育着袋から風呂敷を出す、広げる
④体育着を袋の上にのせる

状態 着替えながら歩き回る、脱がずに着ようとする

着替えの手順を決めておく

● 手順を考えるときのポイントは…

着替えの手順はひと通りではありません。学年や能力に合わせて、合理的で失敗のない手順にします。考える際のいちばんのポイントは、裸のままでいる時間を短くすることです。

● 手順カードで示す

手順は、ことばかけだけではなく、子ども自身が確認できるように表やカードにしておくといいでしょう。一覧表では情報が多すぎ、順に目で追うことができないときは、1つずつ示したりいくつかに分けて示したりと、カードの形態を工夫します。文字が読めない場合は絵などで示します。

着替えの手順カード

1項目1枚で示した手順カード

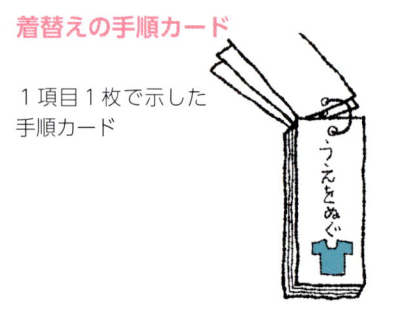

冊子形式の手順カード

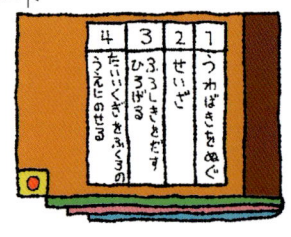

1枚の紙やカードに多くの情報をのせると、視覚刺激が過剰になり必要な情報を選び取れなくなるので、いくつかに分けて表示する

スキル⑧　自分で着替えをする

> **状態** 人前で脱ぐ、服の前後や着方をまちがう

プールのときの着替えを指導する

●「裸を見せない」方法を教える

長めのゴム入りタオルを使います。裸を見せないようにするため、人のいないほう（壁があればそちら）を向いて、タオルをたくし上げずに着替えることを教えます。

● ぬれた水着を着替えるときは…

授業後は、①水着のままでぬれたからだをよく拭く、②ゴム入りタオルを着ける、③水着を脱ぐ、④小さいタオルでからだを拭く、⑤下着をつける、⑥ゴム入りタオルを脱ぐ、の手順で指導します。

パンツをはくときに、パンツの中にタオルを入れないように教えます。

人のいないほうを向いて着替える

> **状態** 服の前後や着方をまちがう、時間がかかる

スムーズにできるように工夫

● 印を見ながら着るようにする

たとえば体育着の上衣は後ろ側の裾、ズボンは前側のウエスト部分に、小さなアップリケやボタンなどで印をつけます。上衣は目印を見ながら着る、ズボンは目印が前に来るようにはく、と教えます。

● ボタンは下からはめるようにする

ボタンやスナップの掛け違いはよく起こりますが、これは、いちばん下からはめるように教えると防ぐことができます。襟元と違ってよく見えるので、まちがわずにすみます。

上衣は後ろ身頃の裾に印を

ズボンは前側のウエスト部分に印を

支援プラン（クラス全体＆個別）

状態 時間がかかる

要所要所で補助する

● **子どもの横、または正面から**

子どもが床に正座して着替える場合、教師も正座して補助します。子どもの横か正面から補助するようにします。

● **全部手伝うのでなく…**

着脱動作のどこがむずかしいのかを見極め、要所要所で手を貸すようにします。たとえば、洋服に隠れているからだの動きは目で確認できないために、うまく動かせないことがあります。からだの２箇所以上を同時に動かすことも苦手なものです。動きの方向に洋服を伸ばしたり形をととのえたりしてやると、着脱がスムーズになります。

「手はこっちよ」

うまくできた経験によって、手足の動かし方を覚えていく

状態 脱ぎ散らかす

着替えたあとの置き場所を限定する

● **風呂敷を使ってみる**

着替え場所を限定する、片づけまでを一連の流れにする、この２点を同時に満たすのが風呂敷です。脱いだ服は風呂敷に包み、最後に自分の机の上に置くようにさせると、置き場所も定まります。

風呂敷は、新たに用意する場合、木綿の薄い生地のもので、90cm四方のものがいいでしょう。

● **風呂敷を結びやすいように**

風呂敷の角をガムテープで絞って固くしておきます。交差して重ねる部分がわかります。糸を巻いておくのでもいいでしょう。対角同士を同じ色にしておくと、結ぶ角がわかりやすくなります

風呂敷の結び方

①風呂敷の端をグーで持つ
②バッテンをつくる
③片方の手でバッテンをおさえる
④風呂敷の端をくぐらせて引く

スキル⑧　自分で着替えをする

状態　服を上手にたためない

補助する手の位置が重要

● 折る部分に手を置く

　たとえば袖のあるシャツなどをたたませる場合には、まず袖を内側にたたみ、身頃を、半分のところに置いた教師の両手に向かってたたませます。さらに半分に折る場合は、左右中央の位置に子どもの片手を置かせ、その手を境にしてもう一方の手で折るようにさせます。

● 子どもの手にそえる

　子どもが折るときに、子どもの手を上からそっと持って、動きを補助します。子どもがスムーズにまちがわずにできるようになったら、この補助は必要がなくなります。

袖をたたむ

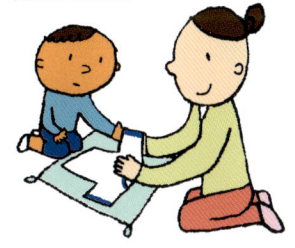

袖の折る部分に教師が手を置き、もう一方の手で子どもの手を上からそっと持って補助する

身頃をたたむ

半分の位置に教師が手のひらを置き、この手に向かって子どもが裾を持ち上げてたたむように促す

状態　服を上手にたためない

立ったまま脱いでたたむ方法も教える

● 持つ位置を明確にする

　脱いだあと襟のタグのところを持って袖をそろえるようにします。前開きの服のときは、後ろ手で袖を合わせて脱ぐように指導しますが、それがむずかしいときは図のように指導します。

● 肩と袖山を色分け

　給食着は、マジック2色を使い、左右の肩と袖山に、それぞれの色で線を書きます。たたむときは、同じ色の線がぴったり合うように、全体を2つに折ります。

　そして、袖を身頃側に折り、身頃を縦に三つ折りまたは四つ折りにします。

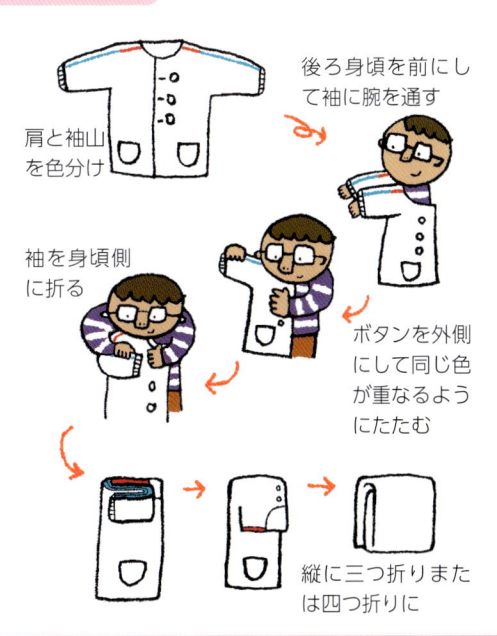

肩と袖山を色分け

後ろ身頃を前にして袖に腕を通す

袖を身頃側に折る

ボタンを外側にして同じ色が重なるようにたたむ

縦に三つ折りまたは四つ折りに

支援プラン（クラス全体＆個別）

> **状態** だらしない着方をする

身だしなみのポイントを教える

● **ポイントは3つ**

身だしなみをととのえられるようにするため、チェックポイントを①襟を出す・のばす、②裾を入れる（前・後ろ）、③靴下をのばす、の3つにしぼって示します。着替えのたびに声をかけ、やがては自分でチェックできるようにします。

● **靴下をはきたがらないとき**

足をしめつけられるのがいや、足が汗で湿るのがいやなど、感覚的な理由で靴下をはかない、すぐ脱いでしまうという子がいます。TPOに応じてはけたほうがいいでしょう。材質によっては、はけることもあるので試します。

①えり（出す・のばす）
②すそ（まえ・うしろ入れる）
③くつした（のばす）

> **状態** 気候や状況に合わない着方をする

気候に合った服装ができるように

● **寒暖の変化を教える**

気温の変化に無頓着で、はた目に寒そうな服装をしていたり、大汗をかきながら厚手の上着を着ていたりすることがあります。自身の感覚では気づきにくいような場合、客観的な指標を示して適切な服装ができるようにしていきます。

● **○℃以下ならもう1枚着る、汗をかくなら脱ぐ**

日頃の子どもの状態に合わせて、○℃なら長袖1枚、○℃なら半袖のように、だいたいのめやすを決めておきます。「鳥肌がたつ」「汗をかく」「ふるえる」「唇が紫になる」などの状況や、そのときの服の調節方法も教えます。

もう1枚着ようか
脱ごうか

下着を着る意味（温度調節、汗をとる）を教える機会にもなる

スキル⑧　自分で着替えをする

> **状態** 気候や状況に合わない着方をする

バリエーションを増やすために

● こだわりがある場合…

　お気に入りの服があって、そればかり着る子どもがいます。色やデザイン、感触などにこだわっているようです。同じものを複数用意して洗い替えにし、清潔だけは保つようにするという方法もありますが、着られる服を増やして衣生活の幅を広げる方向で支援していきたいものです。

● タイミングをとらえて切り替えさせる

　特定の模様やキャラクターのついたものへのこだわりは、進級や行事などを契機に「これを着ます」と宣言するように予告すると、意外にすんなり切り替えられることがあります。

3年生になったらこれを着ます

皮膚の過敏などでどうしても受け付けない素材があるときは配慮も必要

> **状態** 気候や状況に合わない着方をする

着こなしのルールを教えていく

● コーディネートの基本から

　あたりまえの組み合わせができるよう、可能ならばコーディネートの基本を教えます。
　もっている服のなかで、①合う色を組み合わせる、②柄物は上下どちらかにする、③靴下や髪飾りは服の色に合わせるといったことです。家庭で取り組んでもらうといいでしょう。

● TPOに応じた服装があることを教える

　子どもの成長に合わせ、衣服は時と場所、目的によっても変わることを教える必要があります。学校でも、式や発表会などの折に、どういう服装が適切か、具体的に教えるようにしていきます。

スキル 9

トイレをきれいに使う

| 登校 | 朝の会 | 授業 | 係活動 | **トイレ** | 給食 | 掃除 | 休み時間 | 帰りの会 | 行事 |

どこがむずかしそうですか?

1. 学校のトイレに入ること
2. トイレに行くタイミング
3. 衣服や下着の扱い
4. 便器を汚さず使うこと

どのように?
- ☐ 自宅以外のトイレに抵抗がある
- ☐ トイレの場所がわからない
- ☐ 休み時間にトイレをすませられない
- ☐ 衣服や下着をぬらしてしまう
- ☐ 便器操作やからだの扱いがむずかしい
- ☐ トイレットペーパーを適量使えない

子どもの姿

●ズボンごと全部脱ごうとする

●男子便器に対する距離がつかめず、床を汚してしまう

●トイレットペーパーを際限なく引き出す

| 5 トイレットペーパーの使い方 | 6 手洗い |

☐ペーパーで上手にふけない
☐終わったあとの手洗いをしない
☐ハンカチを使いたがらない

将来はこんなシーンが…

■自宅以外のトイレも使えるようにする

　自分の家のトイレでないと排泄(はいせつ)ができないという子どもは、ごく幼い頃にはたくさんいます。

　その後、幼稚園や保育園での経験を経てトイレ問題をクリアしていきます。しかし、なかには、長い間自宅以外のトイレではできない、小便はなんとかできても大便は無理、といった困難を抱えている子どももいます。

　困難の原因としては、慣れない場所への不安、においや水洗の水の音、換気扇の音、便器の形態、トイレの広さ、人の出入りなどが考えられます。

　こうした子どもの場合は、当然、長時間の外出や宿泊を伴う旅行がむずかしくなります。

　いずれにしても、将来の社会生活のために、どういう場所のトイレでも使えるようにしておくことが、大変重要です。

状態に応じた支援プラン →

支援プラン（クラス全体＆個別）

> 状態 自宅以外のトイレに抵抗がある、トイレの場所がわからない

少しずつ学校のトイレに慣れるように

● 感覚過敏がある場合は無理をせず

音やにおいなど自宅トイレとの違いから場所そのものを苦手に感じている場合は、無理に排泄させようとせず、まずはトイレの場所まで行って手だけ洗って戻ってくるなどのプロセスを経て慣れさせていきます。人の出入りが気になる子どもは、個室に入ってみるところから始めます。

● トイレの場所をわかりやすく

トイレの場所をいっしょに確認することと同時に、ひとりでいつでも行けるよう、はっきりした表示をしておくことが必要です。男子用と女子用の区別がすぐわかるよう、文字と絵で示します。

> 状態 休み時間にトイレをすませられない

トイレに行く時間を明示する

●「○分にトイレに行きなさい」と指示

子どもたちにとって、「授業の前にトイレに行きなさい」という指示は、実は大変わかりにくいものです。その証拠に、授業が始まると次々トイレに行きます。もし10：30に授業が始まるのなら、「10：25にトイレに行きなさい」と指示するほうが具体的で明確です。

● 徐々に自分で考えさせていく

事前にトイレに行くことに慣れてきたら、「10：30から授業です。トイレは何分に行きますか？」と質問し、自分で考えさせ答えさせます。予定を立て、実行するトレーニングにもなります。

10:10 2時間目終了
10：25 トイレに行く
10：30 3時間目の授業開始

「長い針が5になったらトイレに行こう」

まだ時計を読めない子には、長針の位置で判断させたり、ベルで促したりする

スキル⑨　トイレをきれいに使う

> **状態** 衣服や下着をぬらしてしまう、便器操作やからだの扱いがむずかしい

男子は前を開けてできるように

● **家庭で練習してもらう**

　ズボンやパンツを全部下ろして用を足すのでなく、早い時期にペニスを引っ張り出してできるようにします。最初はゴム入りのズボンで前の部分を少し下げてする、次にファスナーつきのズボンでファスナーを下げてする、というようにズボンの形を段階的に変えて家庭で練習してもらいます。

● **必要に応じて下着の加工も**

　下着の前立ての重なりが深くて出しづらい場合は、前立ての一部をカットすると楽に出せるようになります。指先が上手に動かない低学年のうちには、試みてもらいましょう。

2枚重なっている布の外側をカット

重なる部分が少なくなるように破線のところまで切り取る

> **状態** 衣服や下着をぬらしてしまう、便器操作やからだの扱いがむずかしい

女子はたくし上げる動作を教える

● **下着は下ろし、スカートはたくし上げる**

　女子の場合、ズボン、下着は下ろし、スカートはたくし上げるという手順が必要です。特に後ろの部分が下がらないよう、大きくめくってたくし上げなくてはなりません。

　見えない部分の動作なのでむずかしく、練習が必要になります。家庭と連携して進めましょう。

● **指導は女性教師が行う**

　基本的な手順は家庭で教えられているとしても、入学後、学校のトイレで使い方の指導が必要です。女子のトイレ指導は必ず女性教師が行うようにします。

女子のトイレの手順

1	（ふたを開ける）便座に座れるように立つ
2	ズボン、下着を下ろす。スカートは後ろにたくし上げる ※スカートは特に後ろの部分を大きくめくり、裾を手で持つように指導する
3	便座に座る
4	用を足す
5	トイレットペーパーを使う
6	立ち上がって、下着、ズボンを上げる。スカートはもとに戻す
7	水を流す（ふたを閉める）

支援プラン（クラス全体＆個別）

状態 衣服や下着をぬらしてしまう、便器操作やからだの扱いがむずかしい

正しい手順が定着するように

● **男子便器は立つ位置、姿勢に注意**

男子の場合、終わりかけの勢いの弱まったおしっこで衣服や便器をぬらす場合が多いので、そのときのおしっこに合わせて立つ位置を決めます。

また、用を足すときに腰を前に突き出すように教え、突き出し方が足りないときはおしりを軽く押して、適切な姿勢になるようにします。終わったらペニスを振ることも教えます。

● **水を流すのは1回だけ**

水洗スイッチを押して何度も水を流したがる子もいます。すかさず「1回。おしまい」と手を洗う行動に導いて、不適切行動の定着を防ぎます。

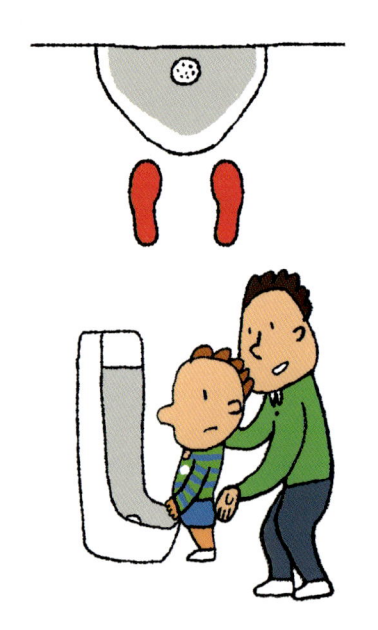

状態 衣服や下着をぬらしてしまう、便器操作やからだの扱いがむずかしい

生理への対応は家庭と相談して

● **時期を見極めて早めに準備を**

初潮がそろそろだと思われたら、家庭と連絡をとって準備を進めてもらいます。サニタリー用品はいろいろあります。本人にとって扱いが簡単で使いやすいものを、通学時に持たせてもらいます。

● **学校と家庭で同じ教え方をする**

処置のしかたを教える際、家庭と学校で同じ教え方にすることも大事です。取り替えるタイミング、トイレでの処置など、打ち合わせをしておきます。トイレを使ったあとのチェックも教えたいことのひとつになるでしょう。

スキル⑨　トイレをきれいに使う

> **状態** トイレットペーパーを適量使えない、ペーパーで上手にふけない

ペーパーを使うときの約束を決める

● **長さのめやすがわかるように**

ペーパーホルダーのすぐ脇に、厚紙で長さのめやすとなるものを作って貼っておき、それに合わせてペーパーを引き出すようにさせます。

両手に巻きつけるようにしながら「3回巻いたらおしまい」とする方法もあります。ただ、引き出す速さと力加減がむずかしく、手が抜けなくなったりするので、子どもの実態に合わせます。

厚紙を細長く切ってペーパーホルダーの脇に貼り付ける

厚紙に合わせてペーパーを引き出し、そこで折ってもう1回引き出して（約40㎝）切る、と指導する

● **動かす手を補助**

ペーパーで上手にふけない場合、手をそえて動かす方向を教えて補助します。女子の場合は特に、前から後ろにふくことを徹底します。

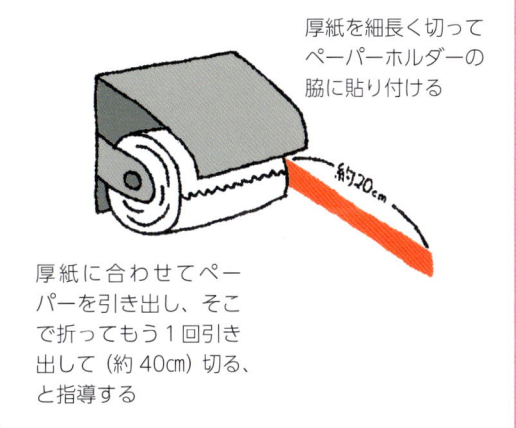

> **状態** 終わったあとの手洗いをしない、ハンカチを使いたがらない

手洗いの習慣をつけるには

● **トイレと手洗いをセットに**

最初が肝心なので、トイレの場所を教えるときに、手洗い場で「ここで手を洗うよ」ときちんと教えます。「手は洗った？」と、ことばで確認するだけでは定着しません。実際に洗うところを見届けることも大切です（→ p.64）。

● **ハンカチの使い方を教える**

ぬれたハンカチで服がぬれる、ポケットがふくれる、などがいやで、ハンカチを持ちたがらない子がいます。取り外せるポケットなどを利用し、常に身につけさせましょう。教師もいっしょに手を洗い、ハンカチを使ってみせ、モデルを示します。

取り外せるポケット

スキル 10

給食の準備をする

| 登校 | 朝の会 | 授業 | 係活動 | トイレ | **給食** | 掃除 | 休み時間 | 帰りの会 | 行事 |

表示板:
- 1 トイレ
- 2 てあらい
- 3 ふくろ
- 4 はくい
- 5 ナフキン

どこがむずかしそうですか？

1. 落ち着いて取り組むこと
2. 手洗い
3. 役割の理解
4. 盛りつけ方・量

どのように？
- □落ち着かずうろうろする
- □手洗いがいい加減または水道で遊ぶ
- □自分のしたいことだけしようとする
- □盛りつけの方法や量がわからない
- □道具の扱いがむずかしい
- □流れ作業がうまくできない

子どもの姿

● 順番を待っている子がいるのに、長々と手を洗っている

● みんなと同じように給食着に着替えたものの、何もしないでうろうろしている

● 配膳当番同士、呼吸を合わせるのがむずかしい

5 順序よく給食を受け取ること　**6** トレーを席まで運ぶこと

□ 配膳（受け取り）で並べない
□ トレーを席まで運ぶとき失敗する

将来はこんなシーンが…

■ 自分の役割を果たし、仕事をする

　給食の時間は、着替え、配膳、移動など、さまざまな活動が同時進行します。このように子どもがばらばらに行動する場面は、自分がすべきことに集中したり、することの優先順位を考えたり、行動のモデルを見つけたりすることができずに、不適切な行動をとったり混乱したりする子どもが増える時間帯でもあります。

　しかし、考えてみれば、大きな集団や社会では、みんなが同じことをするわけではありません。一人ひとり与えられた役割や仕事を周囲に惑わされずに行えるようになることが大切です。そういう意味で、給食の準備はいい学習場面となるでしょう。

　子どもたちが自分の役割と仕事を理解できるようにするため、場の構造と動線、手順を明確にします。子どもがすべきことをできるようにするために必要な支援です。これは、いずれ職場でも上手な支援の方法として利用できるでしょう。

状態に応じた
支援プラン →

63

支援プラン（クラス全体＆個別）

> **状態** 落ち着かずうろうろする、自分のしたいことだけしようとする

手順と役割を明確にする

● 着替えまでの手順を示す

　一人ひとり自分のペースで行動することになる時間帯は、どの子も落ち着きがなく勝手な行動をしがちです。一定の流れで行動できるように手順を示します。自分が手順の何番をしているのか、何をすべきなのかを確認しながら取り組ませます。

手順カードは必要に応じて絵もそえる

● 活動する子どもと着席して待つ子どもに分ける

　教師はおもに配膳の指導をしますが、このとき、当番以外の子どもは安全管理のため自分の席に座って待つようにさせます。

　当番は、子どもの発達段階に合わせ何をどの程度させるのかねらいを定め、当番表を作成します。

> **状態** 手洗いがいい加減または水道で遊ぶ

正しい手洗いを教える

● 回数を示して

　手洗いは、「手のひらを合わせて10回こする」「手の甲を反対の手のひらで10回こする」というように、「よく洗う」の意味を具体的な回数と手順で教えます。その表を手洗い場に貼っておき、皆が守るようにします。

● 番号どおりに洗っておしまいに

　手順表は、いつまでも洗っている子にも役立ちます。きっと途中ではやめられないので、番号どおりに洗わせて「おしまい！」にします。もっと急ぐときは、隣で「今日はお急ぎバージョン。5回ずつ！」と声をかけ、いっしょに洗ってみせます。

| 状態 | 盛りつけの方法や量がわからない、道具の扱いがむずかしい |

盛りつけと配膳に取り組ませる

● 配膳するものは担任が調整

盛りつけは、配る数が決まっているものから取り組ませます。

量の加減が必要なものは、まず教師が量のモデルをつくり、それにならわせますが、調整がむずかしいときは（おたまで、あるいはしゃもじで）すくって入れる動作のみ重点的に指導し、量は教師があとから調整します。

● スモールステップで

最初から全部を任せるのでなく、子どもの実態を見極め、重点化し、スモールステップでできるようにと考えていきます。

| 状態 | 流れ作業がうまくできない、配膳（受け取り）で並べない、トレーを席まで運ぶとき失敗する |

作業と人の流れを一定方向に

● 声をかけて確実に受け渡し

1枚の皿に複数のおかずを盛りつけるときなど食器の受け渡しが必要な場合、必ず「どうぞ」と声をかけ、確実に受け渡しをするよう意識させます。受け渡しの方向を一定にすることも大切です。

● 順序よく受け取る

盛りつけが終わったら、順番に配膳台に並んで給食を受け取ります。トレーを平らに持って順番に器をのせてもらいます。このときも人の動く方向は一定にします。持っているものにのみ注目し、前の人にまで注意が向かない子もいます。並び方やトラブル回避の方法を指導します。

スキル 11

みんなで食事をする

| 登校 | 朝の会 | 授業 | 係活動 | トイレ | **給食** | 掃除 | 休み時間 | 帰りの会 | 行事 |

どこがむずかしそうですか？

1. きちんと席についていること
2. 食器や道具の扱い
3. 好ましい食べ方
4. 好き嫌いなく食べること

どのように？
- □ 給食中に歩き回る
- □ 食器・箸・スプーンをうまく使えない
- □ まわりが不愉快になる食べ方をする
- □ 遊び食べをする
- □ しゃべりすぎる
- □ 極端に小食

子どもの姿

● 食器や箸・スプーンをうまく使えず、犬食いになっている

● まわりが不愉快になる行動や発言をする

● 自分の好きなことをずっとしゃべり続けて食事が進まない

5 ほどよく
会話すること

☐ 偏食がある

将来はこんなシーンが…

■食事が楽しいものになるために

　テーブルについて、落ち着いて食事できることは、食事をするときの基本ですが、多動や衝動性があるために落ち着いて座っていられない子どもの場合、家族みんなでレストランなどを利用するときに、周囲の目が気になってしまうことがあります。

　また、感覚の問題から限られたものしか食べられない、そのため食事自体に意欲がもてない、運動能力の問題があり箸などの道具がうまく使えないなどの理由で、本人も食事を楽しむところまでいかない場合もあります。

　食事の指導は、学校で支援できることは限られていますが、可能な範囲で、食事マナーが身につくように指導していきます。

　偏食がある場合は、保護者との連携が欠かせません。まずは、何が食べられるか、食べられない理由は何か（味か、形か、匂いか）、十分に情報交換します。そして、苦手なものにチャレンジさせるかどうか、させるとすればどういう方法にするか、方針を決めて協力体制をつくります。焦らず、気長に対応しましょう。食べることを強要し、食事が「楽しくない」時間にならないようにすることが大切です。

状態に応じた支援プラン

支援プラン（クラス全体＆個別）

状態 給食中に歩き回る

席に座って食べる習慣をつける

● 食事中は立たないものだと教える

座って食べる習慣をつけるには、とにかく徹底させることです。まず環境をととのえます。

食事中は立たせないようにし、何か取りに行く必要がある場合は「○○先生とってください」と言わせ、教師が動くようにします。また、いすをテーブルにしっかり押し込む、動きがちな子どものそばに教師が座るなどで対応します。

● テーブルといすの高さの確認も

テーブル（机）といすの高さをからだに合わせます。足がぶらぶらするときは、足元に台などを置いて調整します。

テーブルは肘を曲げて肘から先が自然にのせられる高さ、いすは床に両足がかかとまでつく高さが適切

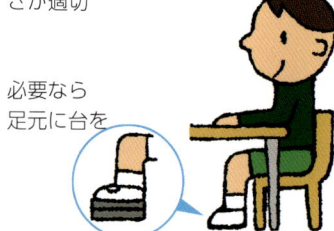

必要なら足元に台を

立ち歩き防止にはテーブルにいすをしっかり押し込む

状態 食器・箸・スプーンをうまく使えない、まわりが不愉快になる食べ方をする、遊び食べをする

好ましい食事マナーの基本を教える

● 両手をテーブルの上に出すところから

箸やスプーンを持つ手だけでなく、もう一方の手もテーブルの上に出し、食器を持つという基本をおさえます。両手を使うことで姿勢の改善にもつながります。持つのに食器が大きすぎる場合など、できる範囲で食器を替えることも検討します。

● 決まったことばかけで教える

きれいに食べることを指導します。「口を閉じてもぐもぐ」「集まれ集まれ（食べ物を器の中で集める）」などのことばで習慣化していきます。

遊んでしまう子には、スプーンにひと口分のせては「食べて」と勧め、食事が進むようにします。

- 一度にすくう適量も教えたい
- 手に合った大きさ
- 中身と区別がつく色

※皿は、縁が立っているほうがスプーンですくいやすい

集まれ集まれ

スキル⑪　みんなで食事をする

> 状態　しゃべりすぎる

落ち着いた食事になるように

● 「食べる」「話す」のけじめをつけて

　おしゃべりに夢中で食事が進まない子が多い場合は、前もって「〇分まで黙って食べます」と宣言し、食べることに集中させます。「口バツマーク」を置いて、約束を視覚的に見せると効果的です。教師も含め全員で守るようにします。

● 会話の手助けを

　食事中にふさわしい話題を選ぶことや、上手に会話することはむずかしいので、教師が手助けします。不適切な話になったら「その話はしません」とやめさせます。また、教師は、会話のキャッチボールが成り立つように仲立ちをします。

「口バツマーク」で食事に集中

△△さん、名前を呼んでごらん

〇〇くん、△△さんが話しかけているよ

> 状態　極端に小食、偏食がある

小食・偏食の子どもに無理は禁物

● 少なくても「完食」の満足感を

　全部食べたという満足感が得られるように配慮します。子どもと相談してはじめからうんと少なくして、食べられるならおかわりをさせます。食べられるものだけ別の皿に取り分けて、食べきるようにする方法もあります。いずれも、残させるより達成感があります。

皿にほんの少しずつ、食べられる量をのせる

● 苦手なものは「自己申告」させる

　苦手なものがある、量が多いなどの場合は、手をつける前に近くの教師に「減らしてください」と伝えるようにさせます。何をどれくらいなら食べられるのか自己申告させ、その量は尊重します。

ことばで伝えるのがむずかしい子どもの場合、カードでの意思表示も有効

スキル 12

教室や廊下の掃除

| 登校 | 朝の会 | 授業 | 係活動 | トイレ | 給食 | 掃除 | 休み時間 | 帰りの会 | 行事 |

どこがむずかしそうですか？

1 机・いすの移動　**2** 掃き掃除　**3** ほうきや　　　　　**4** 拭き掃除
　　　　　　　　　　　　　　　　　　 ちりとりの扱い

どのように？
- □ 重いものが運べない
- □ どこをどう掃くのかわからない
- □ ほうきやちりとりの扱いがむずかしい
- □ 高ばいの姿勢がとれない
- □ どこをどう拭くのかわからない
- □ 雑巾を絞るのがむずかしい

子どもの姿

●ほうきを大きく動かしすぎ、かえってごみが散らかる

●高ばいの姿勢ができない

●雑巾の絞り方がゆるく、拭いたあとに水がたまっている

5 雑巾やバケツの扱い

□雑巾をよくすすぐのがむずかしい
□バケツの水が少ない・多すぎる

将来はこんなシーンが…

■道具を正しく使う、掃除終了の状態がわかる

　掃除には多くの動作や作業内容が含まれます。机やいすを移動させる、掃く、ごみを集める・捨てる、雑巾で拭く、雑巾をすすいで絞る、道具をもとのところに戻すなど、実に多彩なので、どの学年もいっしょに同じことをさせようとするのはむずかしいでしょう。

　低学年は拭き掃除から始めます。すること、方法、終了の形が明確だからです。廊下を分担させ、拭き掃除の方法を指導します。なかには高ばいの姿勢ができない子もいるでしょう。時間をかけ繰り返し指導していきます。

　中高学年には教室を分担させます。集中時間が短いようなら、作業内容のうち、たとえば、机、いすの移動と拭くこと、掃くことと拭くことのように重点的に指導したいことを決め、手順を決めて取り組ませ、スキルを習得させていきます。

　掃除は「きれいになった」という判断がむずかしく、本人は掃除をしたつもりでも周囲に認めてもらえないこともあります。「端を拭く」「もとのところに戻す」なども含めて、どういう状態になることを「掃除が終わった」とするのか、具体的に教えていくことが大切です。

状態に応じた支援プラン →

支援プラン（クラス全体＆個別）

状態 重いものが運べない、どこをどう掃くのかわからない、ほうきやちりとりの扱いがむずかしい

掃き掃除は発達段階に応じて

● **教師がモデルを示す**

机やいすを運ぶ作業は低学年ではむずかしいので、教師主導で手早くすませます。

ほうきは持ち方が重要なので最初に確認します。そして、教師の後ろに子どもを並ばせ、動かし方を模倣させながら端から進んでいきます。端までたどりついたら方向を変え、同じように進みます。

● **ごみは床に貼った枠に集める**

終点まで行ったら、あらかじめ貼っておいた枠にごみを集めるようにさせます。ちりとりは教師が使い、「そうっと」と声をかけながら、ちりとりにごみを入れさせます。

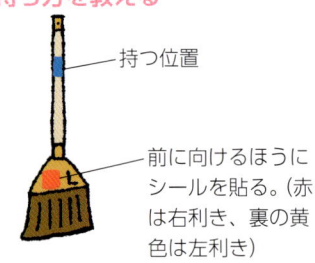

ほうきの持ち方を教える
- 持つ位置
- 前に向けるほうにシールを貼る。（赤は右利き、裏の黄色は左利き）
- ビニルテープなどで床に枠を作っておく

状態 高ばいの姿勢がとれない

高ばいで拭くことを教える

● **動作を補助しながら**

高ばいの姿勢がむずかしい場合、まず、手をついて腰を上げる姿勢がとれるように補助します。この姿勢で前に進めるようにするには、さらにもう1人の教師が、雑巾を進行方向に引くという補助をします。

● **体育の授業などでも**

掃除のときに取り組ませるだけでなく、体育の授業時間などに、動物歩きや、いろいろな姿勢で移動したり、からだを支えたりの運動をさせていくといいでしょう。

- 1人が腰を支える
- もう1人が雑巾を進行方向に引く

スキル⑫　教室や廊下の掃除

> **状態**　どこをどう拭くのかわからない

目印と回数で明確に

● 拭き掃除のスタートとゴールを同じ色で

廊下のように長い距離をまっすぐ拭くのはむずかしいものです。拭き掃除のスタート地点とゴール地点を、雑巾の幅に色画用紙で色分けしましょう。明確な目印ができ、「同じ色をめざして拭く」というように指導できます。

目印はブックカバー用の粘着シートで覆うと汚れやはがれの予防になる

● 洗濯ばさみで拭く回数をわかりやすく

担当部分を決め、回数を決めて拭くようにさせます。数の理解が不十分、数え方が不安などという場合は、洗濯ばさみが便利です。回数分の洗濯ばさみを服の裾にはさんでおき、1回拭くごとにはずしていくと、残り回数がひと目でわかります。

回数を決めて取り組ませるときはこの方法が便利

> **状態**　雑巾を絞るのがむずかしい、雑巾をよくすすぐのがむずかしい、バケツの水が少ない・多すぎる

徐々にレベルアップさせる

● 雑巾を絞るのは横絞りから

両手を内側に向かって絞り込む縦絞りがむずかしい場合、片手だけ動かして絞る横絞りから始めます。雑巾をすすぐのは「よくすすいで」と言っても具体的ではないので、両手でこすり合わせる動作を教え、たとえば「5回」と回数で教えます。

横絞りを教える
① 2つに折る
② 端から巻く
③ 片手だけ動かして絞る

● バケツの内側にめやすの線をつけておく

はじめはバケツを1人ずつ使う、次に2人でと、ハードルを上げていきます。バケツの内側には水を入れるめやすの線を油性ペンで書いておきます。掃除の場所とバケツの位置に配慮し、あまり移動しないで取り組めるようにします。

スキル
13

休み時間をすごす

| 登校 | 朝の会 | 授業 | 係活動 | トイレ | 給食 | 掃除 | **休み時間** | 帰りの会 | 行事 |

どこがむずかしそうですか?

1. 遊びの選択
2. ほかの子と遊ぶこと
3. ルールの理解
4. 遊び道具の使い方

どのように?
- □ 何をしてすごしたらいいかわからない
- □ 本来の遊び方をするのがむずかしい
- □ 相手が必要な遊びなのに人を誘えない
- □ 仲間に入りたいのにうまく言えない
- □ ひとりで遊びたがる
- □ ルールがよくわからない・守れない

子どもの姿

●いつも同じ遊びをして、ほかの遊びへと広がらない

●本来の遊び方ではない遊び方にとどまる

●勝負に負けたりうまくいかなかったりすると大泣きする

---

5 譲り合い　　6 遊びを終わらせること

□遊び道具をひとり占めする・取り合う
□勝ち負けにこだわる
□時間が来ても遊び続ける

将来はこんなシーンが…

■余暇を楽しみ、学習や仕事への活力を高める

　休み時間は、学校では時程に組み込まれています。時間の枠だけ決まっていて、何をするかは自由な時間です。

　しかし、子どもたちのトラブルは、たいていこの休み時間に起こります。なぜなら、することが決まっている授業中より、もっと高度なソーシャルスキルが求められる時間だからです。互いに他者の存在を意識し、自分の感情と行動を調整しなくてはいけません。

　言い替えれば、休み時間は子どもたちがソーシャルスキルを学ぶ場ととらえることができます。自由な時間を楽しみ、ルールを守って上手に遊べるようになるには、しばし大人（教師）の手助けが必要です。

　また、この休み時間のすごし方は、日常生活の余暇のすごし方とともに、一日のめりはりをつけ、集中や緊張をリセットするためにも重要になります。自由な時間や余暇を上手に使えるようになることは、学習や仕事に集中して取り組めることにつながっていきます。

状態に応じた支援プラン

支援プラン（クラス全体＆個別）

> **状態** 何をしてすごしたらいいかわからない、本来の遊び方をするのがむずかしい

遊び方を教えて楽しい経験にする

● 興味・関心に合うものを

　子どもの日頃の興味・関心に合わせ、新しい遊びも経験できるよう心がけます。特に、本来の遊び方と違う方法で遊んでいる場合、本来の遊びが経験できるように支援します。

● 「うまくいった」「楽しかった」をきっかけに

　自分で発想して遊びを広げることが苦手な子でも、上手に遊ぶことができれば、そのときの「うまくいった」「楽しかった」経験をきっかけに遊び方を覚えます。

　自由な時間のすごし方の選択肢が広がるよう、機会をとらえて支援したいものです。

> **状態** 相手が必要な遊びなのに人を誘えない、仲間に入りたいのにうまく言えない

モデルを示して誘う・入れてもらう練習を

● 1人ではできないことに気づかせて

　その遊びをしたいという思いだけが強く、相手が必要なことや適切な場所がいることなどに気づかないことがあります。まずは、したい遊びをするための手順を学ぶ機会にします。

● うまくいく場面をととのえ定着させる

　誘いたいとき、遊びに入りたいときは、「○○ちゃん、いっしょにしよう」「入れて」と声をかけ、同意を得るということを学ばせます。「入れて」と言えば了解されたと思い込むトラブルもありますので、声をかけ「いいよ」と返事が返ってくる場面を教師がととのえ、やりとりを定着させます。

スキル⑬　休み時間をすごす

状態　ひとりで遊びたがる

ひとり遊びの自由を保障する

● その子が楽しめることが大事

　読書、折り紙、お絵かきなどをして、ひとりですごしたい子どもには、その自由を保障してやります。友だち遊びをさせたいと思いがちですが、その子が楽しんでいるということが大事です。

● まわりの子にも受け入れさせる

　ひとりで遊ぶ自由を、まわりの子も受け入れることで保障が成り立ちます。無理に誘わないよう、誘って断られても批判しないよう指導します。

　邪魔をする気はなく、しきりに話しかける子がいます。同じことをいっしょにしたがる子もいます。ようすを見て教師が上手に介入しましょう。

状態　ルールがよくわからない・守れない

発達段階に合わせてルールを工夫

● 遊び始める前にルールの確認

　ルールのある遊びをするときは、必ず遊ぶ前に、みんなでルールの確認をします。教師が黒板や紙に書いて説明するといいでしょう。

　もともとのルールではむずかしいとき、人数の関係などで不都合があるときなど、ルールを変更することも考えます。発達段階を考慮し、「○○学級ルール」をつくるのもいいアイディアです。

● 掲示してわかりやすく

　ルールは、その遊びのたびに確認できるようにします。そして、子どもたちがルールを共有できるようにします。

ころがしドッチ　さくらルール
・ボールころがす→2人
・ボールはじめんにつけてころがす
・あたったら　こうたい
・あたっても　なかない
　　　　　　　おこらない

メンバー全員がわかる明確なルールにする

支援プラン（クラス全体＆個別）

状態 ルールがよくわからない・守れない、遊び道具をひとり占めする・取り合う

道具の使い方をルール化

● 自由に使えるものとそうでないものを分ける

　学校の遊び道具は、各人が気ままに使っていいものとは限りません。道具の使い方もルール化しておく必要があります。

　学習に使う道具は、教師がきちんと管理し、子どもの手の届かない場所にしまっておきます。

● 使ったものはもとに戻す

　自由に使える道具も、学校のものだと教えておきます。借りるときは「貸してください」と言い、大切に使う、そして必ずもとの場所に戻すことをルールにします。箱や引き出しなどを整備して、片づけたことが明確になるようにしましょう。

「貸してください」

状態 ルールがよくわからない・守れない、遊び道具をひとり占めする・取り合う

話し合いで決めて守らせる

● 子どもたちに案を出させる

　複数が同じ道具を使いたい場合、「○○さんと△△くんも使いたいそうです。どうしたらいいかな？」と問いかけ、考えさせます。案が出なければ方法をいくつか教え、選ばせてもいいでしょう。

　話し合いがむずかしい段階なら、教師が介入して順番を決めたり、道具の数に配慮したりします。

● 「順番」の中身も決める

　「順番に使う」と決まったら、どういう順番にするのか、1人はどれくらい使えるのかなども決めます。また、時間が来たらちゃんとやめられるかどうかも教師が確認します。

子どもたちの案に対応する

案	対応例
じゃんけんで決める	じゃんけんに負けることもあること、負けたときは別の遊びをするので遊びを考えておこうと伝える
順番に使う	1人何分使うか、時間が来たらやめられるかを確認する
いっしょに使う	案に反対の子どもがいないかどうか確認する
自分が使う	ひとり占めするという案には、道具は貸せないとはっきり伝える

「時間が来たら途中でもやめられる？」

スキル⑬　休み時間をすごす

> 状態　勝ち負けにこだわる

トラブル回避のために

● 勝敗があることの予告をする

　勝敗がある遊びをしようとするときは、負ける可能性もあることを事前に伝え、負けたときはどうしたらいいかシミュレーションしておきます。
　それでもパニックになった場合は、その場から離れさせ、クールダウンを図るようにします。

● ルールを変えて勝敗なしの遊びに

　負けを認められずすぐにパニックになる子の場合は、ルールを変えて勝敗なしにする、勝敗を明確にしない、ほかの遊びをするなどの段階から始めます。まずは、遊ぶとパニックを起こすというパターンをつくらないようにします。

「勝ちと負けがあります」
「負けたら怒りますか。泣きますか。ふてくされますか」
「手を挙げたのにあててくれない」

学習場面などでも、思いどおりにならないことを少しずつ学ばせていく

> 状態　時間が来ても遊び続ける

予告したうえで譲らずやめさせる

● わかりやすい合図を利用

　休み時間の終了は、事前に知らせて見通しをもたせます。時刻がわからない子どもには、「もうすぐチャイムが鳴るよ。チャイムが鳴ったら片づけ」のように教えます。
　これができたら「5分前片づけ」を教えていきます。終了5分前になったら片づけ、トイレ、水分補給をする時間にします。

やすみじかん　ながいはり
11じ15ふん　[3]
かたづけ
11じ10ふん　[2]
　[かたづけ]
　[トイレ]
　[みずのみ]

● 自分から行動できるように

　時計の針の位置を意識できるよう、時計の場所は子どもが見やすいように配慮しましょう。時計を見ながら行動するよう声をかけます。

時計の針と「分」との関係がわかるように数字を書いた紙を貼っておく

スキル 14

一日のしめくくりをする

登校 | 朝の会 | 授業 | 係活動 | トイレ | 給食 | 掃除 | 休み時間 | **帰りの会** | 行事

どこがむずかしそうですか？

1. 「帰りのしたく」の手順
2. 持ち帰るものの準備
3. 荷物を持つこと
4. 身じたく

どのように？
- □何をしたらいいかわからない
- □あちこち気がそれ落ち着かない
- □プリントをたためない・しまえない
- □ランドセルにしまうのがむずかしい
- □持ち物が多いと混乱する
- □持ち帰るものにこだわる

子どもの姿

●帰りじたくの途中で違うことを始める

●持ち物をみんなランドセルに入れようとしてうまくいかない

●工作の作品を手に持って帰ると言ってきかない

□自分の荷物を持とうとしない
□上着や帽子を身につけない

将来はこんなシーンが…

■帰りのしたくと明日の予定の確認

　一日のしめくくりとなる帰りの会は、帰りのしたく、明日の予定の確認、あいさつが活動の中心となります。特別支援学級には複数学年が在籍しているので、下校時刻がそれぞれ異なり、何回かに分けて会をする必要があります。遊び時間が続いている子のなかで、気持ちをそらさず帰りじたくをしたり話を聞いたりできるように配慮します。

　持ち帰るものには、その日の配付物や作品、決まった曜日にだけ持ち帰るものなどもあります。自分とほかの人のものを区別すること、用意したものを忘れずに持ち帰ることは、ものの管理ができるようになる基本となります。

　明日の予定の確認は、子どもに活動の見通しをもたせるうえで大切で、朝の会の予定の確認とともに重要です。はじめは教師が話すのを聞くだけで十分ですが、発達段階に合わせて、板書された予定を写すなどの活動も組み込んでいきます。用紙の様式は、書くのに時間がかからず、あとから見てもわかるように工夫します。

　予定に興味をもつと、月行事や年間行事に興味が広がることもあります。やがてカレンダーやスケジュール表に記入して、以後の行事やできごとを楽しみに待てるようになる子もいます。

状態に応じた支援プラン →

支援プラン（クラス全体＆個別）

状態 何をしたらいいかわからない、あちこち気がそれ落ち着かない、持ち物が多いと混乱する

帰りのしたくの手順を明確に

● 番号と手順カードで提示

　迷わずできるよう、わかりやすい形で手順を提示します。黒板に、番号をふりながら手順カードを貼っていくのがいいでしょう。カードなら、日によって必要事項が変わるのに対応できます。
　複数学年がいるクラスで個別に帰りじたくをする場合は、1枚ずつめくるカードにして、その子だけに見せる方法もあります

● 机上を整理しながら

　持ち帰るものは、机に一度にのせないようにして取り組ませるとうまくいきます。番号どおりに、1つずつ整理させます。

```
1  ランドセルのようい
    ① れんらくちょう
    ② ふでばこ
    ③ ナフキン
2  なふだはずす
3  うわぎ・ぼうしのようい
4  すわる
```

状態 プリントをたためない・しまえない、ランドセルにしまうのがむずかしい

セッティングできるものはしておく

● 保護者へのたよりは連絡帳ケースに

　特に低学年の場合、保護者へお知らせを記したプリントなどは、あらかじめ教師がたたんで連絡帳ケースに入れ、連絡帳置き場に戻しておきます。

● 作業より手順の習得を優先

　帰りじたくのなかにプリントをたたんだりケースにしまったりする作業を入れてハードルを上げることより、手順全体の流れの習得を優先します。
　時間のないなかで急いで作業させなくても、たたむ・しまう作業は個別の学習課題として取り組ませることができます。できるようになったら、手順に組み込んでいきます。

スキル⑭　一日のしめくくりをする

状態　ランドセルにしまうのがむずかしい、持ち物が多いと混乱する、上着や帽子を身につけない

入れ方・持ち方を指導する

● ランドセルのどこに何を入れるか決めておく

　ランドセルの小さいほうの仕切りに何もかも詰め込もうとしたり、筆箱や連絡帳を入れる前に給食着袋や上着でランドセルがいっぱいになっていたり、ということがあります。子どもと相談して、どこに何を入れるか、定位置を決めましょう。

● 荷物が多いときは「作戦会議」

　いつもと違う荷物があるときは、「作戦会議」。たとえば、体育着袋、給食着袋などを持ち帰るときは、どのようにして持って帰るか相談します。ランドセルに入らないときは手さげや紙袋を使用することにも慣れさせます。

紙袋は、保護者に協力してもらって常備しておくといい

状態　持ち帰るものにこだわる、自分の荷物を持とうとしない

荷物の扱い方にこだわる場合の対応は…

● 手に持ちたがる、学校に置きたがるなら

　工作の作品などを手に持ちたがる場合、壊れないように袋に入れることを提案します。すぐに出せないけれど手に持っている安心感があります。

　逆に、学校に置いておくと言い張る場合もあります。「○日まで置いておこう。それから持って帰ろう」などと話し、折り合いをつけさせます。

● 「荷物は自分で」を習慣づける

　ランドセルなどの荷物を、迎えに来た保護者に渡す子がいます。保護者もつい持ってしまいがちですが、自分で持ち帰るよう、保護者にも話して習慣づけましょう。

上から見えるので安心

自分の荷物です。持ちましょう

83

スキル 15

助けてもらう

| 登校 | 朝の会 | 授業 | 係活動 | トイレ | 給食 | 掃除 | 休み時間 | 帰りの会 | 行事 |

どこがむずかしそうですか?

1 状況の把握　　**2** 呼びかけ　　**3** 状況の説明　　**4** アドバイスを受け入れること

どのように?
- ☐ 困った事態だと気づかない
- ☐ 助けてもらうという発想がない
- ☐ 何と言ったらいいかわからない
- ☐ 声をかけるタイミングがつかめない
- ☐ どう困っているか説明できない
- ☐ アドバイスに従えない

子どもの姿

● 困っているのに、どうしたらいいかわからないでいる

● 手助けしてもらうのをひどくいやがる

● 事態が改善されると、知らん顔で遊びを続ける

5 お礼を言うこと

□ 手助けを拒否する
□ お礼のことばが出ない

将来はこんなシーンが…

■ 上手に助けてもらうスキルが大事

　小学校6年間、中学校3年間の学校生活でたくさんのことを学び、できることも増えてきます。しかし、それでも社会のなかでは困ることもたくさん起こります。ほかの人からの手助けを必要とする場面は、必ずあります。

　「○○ができるようになる」ということも大切ですが、困ったときに助けを求めることができる、補助やアドバイスを受け入れることができるようになることが、社会生活のなかでの大切なスキルといえます。

　でも、大人はつい、子どもに「ひとりでできて偉いね」「自分でがんばりなさい」と言ってしまいがちです。当然子どもは、ひとりですること、自分だけでがんばることがほめられることと思い込んでしまいます。困ったときは助けてほしいと言っていいこと、助けてもらうことは何も悪いことではないことを教えていきたいものです。

　ほかの人に上手に助けてもらいながら、自分らしく生活していけるよう、めざしたいものです。

状態に応じた支援プラン →

支援プラン（クラス全体＆個別）

状態 困った事態だと気づかない、助けてもらうという発想がない、何と言ったらいいかわからない

助けを求めることを教える

● 困っていることに気づかせる

子どもに困っているようすが見えたら、その状態を言語化してやり、「困っている」ということに気づかせます。

穏やかに「どこまでできたかな？」と声をかけ、「困っているね」と話します。

● どういうふうに助けを求めるかを教える

たとえば学習課題に取り組む前に「これから○○をします」と伝え、「困ったときは『教えてください』と言います」のように、言い方を提示しておきます。このことばが使えたときは「『教えてください』って言えたね」と評価します。

> 困っているね
> どうしたらいいか教えるね
> ・教えてください
> ・どうすればいいですか
> と言うと、うまくいきます

状態 何と言ったらいいかわからない、声をかけるタイミングがつかめない

モデルを示して声をかける練習

● 呼びかけ方を教える

子どもにとって、教師に声をかけるタイミングを判断することはむずかしいものです。補助役の教師がそのタイミングを計って、子どものすぐ後ろから教え、リーダーが対応します。

● 待つことも教える

複数の子どもを指導している場合など、すぐに対応できないことがあります。「次は○○さんです。待ってね」のように答えます。

待たせる場合、どのくらい待つのか見通しがもてるように伝えることが大切です。

> ○○先生！
> ○○先生！
> はい
> 教えてください
> 教えてください
> 次はたいがくんです。待ってね

スキル⑮　助けてもらう

> 状態　何と言ったらいいかわからない、どう困っているか説明できない

うまく言えない子どものために

● サインやカードを使う

ことばでうまく伝えられない子どもの場合、黙って手を挙げる、ヘルプカードを提示するといった方法も教えておくといいでしょう。

● 苦手なことを把握しておき練習機会に

日頃から子どもが苦手なこと、我慢できないことを把握しておくと、困っているという状況を察知でき、子どもからヘルプのサインを出す練習機会をつくることができます。

ただし、パニックを起こすほどの苦手な事柄については、段階をふんで取り組ませるなどの配慮は必要です。

> 状態　アドバイスに従えない、手助けを拒否する、お礼のことばが出ない

うまくいくシナリオをつくる

● アドバイスが役立つ経験をさせる

子どもが助けを求めることができたら、それに対して教師は適切な支援をし、成功体験をさせる必要があります。つまり、助けてもらったらうまくいったという経験を積ませることが大切です。

子どもがどこで困るか、どう支援するか、十分に研究しておく必要があります。

● お礼のことばとその使い方を教える

うまくできたら「助けてもらってうまくいったね」と、状況に気づかせます。補助の教師は、子どもの後ろから「ありがとうございました」とモデルを示し、お礼が言えるようにしていきます。

スキル 16

気持ちを切り替える

| 登校 | 朝の会 | 授業 | 係活動 | トイレ | 給食 | 掃除 | 休み時間 | 帰りの会 | 行事 |

「ぼくがとろうと思ったのに！」

どこがむずかしそうですか？

1. 自分の気持ちの表現
2. 視点を変えること
3. 状況の受け入れ
4. パニックからの回復

どのように？
- □突然怒り出す
- □気持ちをことばで表現できない
- □いつまでも怒っている
- □原因となる事柄に固執する
- □堂々巡りになる
- □考えが変わらない

子どもの姿

●怒ってずっと同じことを言う

●一度パニックになるとなかなか収まらない

●落ち着いたように見えても、またそのことにふれると怒りがぶりかえす

5 パニック行動の抑制

□状況を受け入れられない
□自傷・他害行為をする

将来はこんなシーンが…

■パニックやかんしゃくを減らしていくために

　本人にとってむずかしい（要求が高すぎる）、はじめてのこと、失敗を繰り返すなどの理由から、パニックやかんしゃくは起こります。特に、混乱が昂じて起こるのがパニックです。

　パニックやかんしゃくは、何度も繰り返しているうちに、自分の思いが通るための有効な手段だと誤って学習してしまうことがあります。子どもがパニックやかんしゃくを起こしたときの対応を工夫する必要があります。

　パニックやかんしゃくの有無や回数だけに着目するのでなく、起こす理由や状況はどうか、回復への時間や経過はどうかなど、多面的に観察し、改善への支援をしていきます。パニックやかんしゃくが定着してしまった場合、その行為は結果的に何の得にもならない、思いどおりにできる手段にはならないことを根気よく教えていくと、自然と減っていきます。

　パニックから回復する方法を身につけたり、パニックの予防となる行動を見つけたりして、自分で気持ちを落ち着かせることができるようになると、社会生活はずっと楽になり、すごしやすくなります。

状態に応じた支援プラン →

支援プラン（クラス全体＆個別）

状態 突然怒り出す、気持ちをことばで表現できない、いつまでも怒っている

自分の気持ちに気づけるように

● 子どもの気持ちを言語化する

　本人が不調を自覚しないまま、いらいらや不快感が高まって、気づくと、すぐには収まらない興奮状態になっていることがあります。

　子どもの気持ちを、「○○ができず残念なんだよね」「△△がいやだったんだよね」というように言語化すると、落ち着くことがあります。

● こんなゲームをしてみても（気持ちのいす）

　いすとり、ドッジボールなどで負けるごとに、気持ちのことばを選ばせます。もやもやした気持ちを言語化すること、それまでとは違う行動をすることで、気持ちが切り替わる手助けとなります。

気持ちのいす

自分の気持ちに近いことばが書いてあるいすに座る

状態 原因となる事柄に固執する、堂々巡りになる、考えが変わらない、状況を受け入れられない

叱責するより方策を教える

● 具体的な方策のみ伝える

　因果関係や相手の気持ちを理解させること、子どもの考えを修正することが困難で、話しても堂々巡りになるのなら、その視点から説得するというアプローチはやめます。

　具体的にうまくいく方策のみを「○○しない」ではなく「○○する」という表現で教えます。

● 即時評価する

　教えたことをそのとおりに行動できた場合は、すぐに「そう、そのとおりだね」と評価します。そして、「こういうときは○○するとうまくいくんだよね」と確認します。

「○○くん、貸して」と言うよ

たいがくん貸して..

それでいいよ！

スキル⑯　気持ちを切り替える

状態　いつまでも怒っている、自傷・他害行為をする

用意したスペースでクールダウンさせる

● 教室の事情に合わせて用意

　壁に頭を打ちつけるなどの自傷や他害行為はただちに止め、クールダウンのスペースで落ち着くまですごさせます。このスペースは、できればほかの子どもの声などが聞こえない静かな場所に、教室の事情に合わせて用意しておきます。

クールダウンのスペース

できれば別室（あき教室など）がいい

● 落ち着いてからの対応が重要

　落ち着いたら、子どもの言語理解力に合わせて、パニックの理由、次のときの対応法を具体的に短いことばで確認します。もとの場所に戻すときは、ほかの子が何をしているか、学習途中なら何をどれくらいするか、予告するとうまく適応します。

教室のすみなどにパーテーションで囲った空間を用意するのでもいい

状態　さまざまな状態

パニックを起こさせないために

● 不調のもとになる刺激を遠ざける

　気温や音などの環境をととのえます。課題とねらいが子どもの実態に合っているかどうかも吟味します。また、調子がいいからといってがんばらせすぎないことも大切。過集中は禁物です。

あと1枚でおしまいにしよう

● 子どものサインに気づく

　緊張が高まるサインに気づいて早めに対処することも心がけます。落ち着きがなくなる、姿勢がくずれる、表情が険しくなる、不満を言い始めるなど、サインはさまざま。休憩を入れる、水を飲ませるなど、対処もその子に合わせて行います。

休憩して水を飲もうか

スキル
17

外へ出かける（遠足、宿泊学習など）

| 登校 | 朝の会 | 授業 | 係活動 | トイレ | 給食 | 掃除 | 休み時間 | 帰りの会 | 行事 |

どこがむずかしそうですか？

1. 全行程への参加　2. 荷物の管理　3. 集団行動　4. 入浴

どのように？
- □ 全行程に参加するのはむずかしい
- □ 長く歩けない
- □ 荷物の管理がむずかしい
- □ 重い荷物を持てない
- □ 落ち着きがない
- □ ひとりで入浴できない

子どもの姿

●持って行くもののことでひどく心配になっている

●疲れやすく、全行程の参加がむずかしい

●宿舎で眠れないで困る

---

5 食事　　　**6** 就寝

☐食べられないものが多い
☐夜なかなか眠らない

将来はこんなシーンが…

■日常と違う活動に参加する

　外出や宿泊は楽しみなものであると同時に、いつもの生活ができないことで、苦痛や不安を感じる子どもも多いものです。学校行事としての宿泊旅行は、さらに集団で行動するというハードルが加わります。

　いつもと違う流れですごすこと、家族以外の人と長時間行動をともにすること、家庭とは異なる場所での食事、入浴、就寝など、「特別」なことが続くのが苦手な子どもにとって、すべてにおいて「我慢の日程」にならないように配慮することが必要です。

　しかし、こうした配慮の必要な子どもであっても、大きな混乱がなくすごす経験を繰り返すことで、外出や宿泊というものに見通しがもて、苦痛だけではなくなっていきます。さらに、外出や旅行に自分の楽しみ方や楽しさを見つけることができるようになると、より生活にめりはりがつくようになるでしょう。

状態に応じた支援プラン →

支援プラン（クラス全体＆個別）

状態 全行程に参加するのはむずかしい、長く歩けない、ひとりで入浴できない、夜なかなか眠らない

個別プランを用意する

● 部分的に別行動を考える

本人にとってハードルが高すぎる場合は、無理をさせず、部分的に別のプランや行程を考えます。長く歩くのがむずかしければ、距離を減らして車を利用する、歩くペースが遅いというなら、ほかの子より早く出発するなどの方法があります。

● 入浴や就寝は大人といっしょに

ひとりで入浴できない子は、大人がいっしょに入って入浴させます。

また、寝室は大人の部屋にします。就寝時刻になったら照明を消し、可能なら大人も横になって、静かに寝る環境をつくります。

ひとりで部屋を出ないよう、大人が入り口のほうに寝る

状態 荷物の管理がむずかしい、重い荷物を持てない

事前に荷物整理などの練習をする

● チェック風呂敷とジッパーつきポリ袋を使って

ポリ袋で荷物整理用のチェック風呂敷を作ります。それぞれの品物はB4サイズぐらいの厚手のジッパーつきポリ袋に入れます。どちらにも同じラベルを貼ります。

風呂敷を床に広げ、袋のラベルとマッチングさせることによって荷物のチェックをします。

● リュックの入れ方、背負い方なども

荷物チェックや荷造りは、事前に練習します。保護者になるべく指定の形のリュックを用意してもらい、どこに何を入れるか全員で練習します。

リュックの背負い方や歩く練習を何度もします。

チェック風呂敷の作り方

① 70Lサイズの厚手の透明ポリ袋を切り開く（2枚の風呂敷に）
② 油性ペンで線を引き同じ大きさのますを9つ作る
③ 品物ラベルを貼り、ブックカバー用の粘着フィルムで覆う

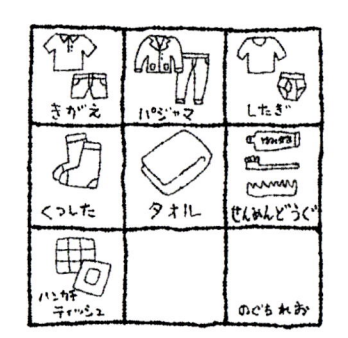

スキル⑰　外へ出かける（遠足、宿泊学習など）

状態　落ち着きがない

安全確保を優先する

● 子どもの並び順や教師の配置を考慮する

遠足のときの並び順や教師の配置は、子どもの安全を確保するため十分に考慮します。多動な子どもは教師と手をつなぐか、すぐそばに教師がつくようにします。

交流学級の遠足

● バスの乗り降りの指揮役を配置する

教師のうち1人は、子どもの先頭に立ってバスに乗り込み、すぐに子どもたちを座席に着かせるようにします。降りるときは一番に降りて、入り口のところで順に並ばせ、駐車場では特にほかの車に注意させます。また、バスの中では座ってすごすよう、すごし方を工夫します。

さくら学級の校外学習

状態　食べられないものが多い、夜なかなか眠らない

家庭・宿舎と連携してベターな方策に

● 食事内容を事前に確認して相談

宿舎と連絡をとり、食事内容を聞きます。可能であれば食べられるものをメニューに組み込んでもらいましょう。そういう対応を望めない場合は、家庭と相談し、食べられるものを少し用意するなどの対応を決めます。

● 家庭にあるものを1つ持参させる

家庭と状況が異なると眠れない子のなかで、就寝時に決まって触るものがあるなどの場合は、安心できる持ち物を家庭から1つ持っていくようにさせてもいいでしょう。たとえば、本人の枕カバー、タオルなどです。

教師の指導態勢をととのえる

リーダーと補助者、それぞれの役割を確認

　教師の配置基準は自治体によって異なりますが、通常は複数配置されます（チームティーチングの態勢になる）。授業をするときは、1人がリーダー、ほかは補助者となります。リーダーは曜日ごと、教科ごとで交代するなど、状況と教師の特性に合わせて考えましょう。

　その授業や場面のリーダーは、子どもの実態を把握して指導プランを立て授業を組み立てます。また、個々の活動のねらいを明確にし、教材を考えます。教材の作成は全員で行います。

　補助者は、子どもたちのようすに気を配り、それぞれがねらいを達成できるように個別に支援する役割です。

リーダーは全体を引っ張っていく

　全体への指示はリーダーが出します。子どもたちはリーダーの指示に従って活動します。リーダーは活動の時間を把握し、開始・終了・変更を明確に子どもたちに伝えます。

●子どもの注意を引きつける

　クラスの子どもたちの特性として、2つのことを同時にしたり注意を振り分けたりすることが困難です。したがって、指示を出すときは活動を一旦やめさせます。教師も、何かしながら指示は出しません。話の内容より動きに注目してしまうからです。

　声の大きさ、調子に配慮し、めりはりをつけて話しましょう。

●立ち位置・動作を意識して

　教師は、子どもに見てほしいものがきちんと見えるように、自分の立つ位置を考慮します。自分のからだで見えにくくなっていないか、常に意識します。

　教師自身の動作も重要です。ふらふらしないでしっかり立ちます。指さしは子どもが見るべき箇所でしっかり止めます。

　板書するときは、ときどき子どものほうを振り返り、注目しているかどうか確認します。

●合図となるフレーズや絵カードなどを使用する

　教師が「話します」と言ったら教師に注目して黙って聞く、「（先生が）やってみます」と言ったら教師の手もとに注目する、「どうぞ」と言ったら行動を開始するというように、合図となるフレーズを決めて、繰り返し使用し、定着させます。

　同時に「注目マーク」や「口バツマーク」（→ p.69）などの絵カードを提示すると、ことばだけの指示より注意を継続させることができます。わかりやすいシンプルな表現の絵を使用するといいでしょう。

補助者は個々の子どもに対応する

　補助者は、必要な場合以外はリーダーの指示を個別に繰り返すことはしません。誰の指示

に従えばいいのか、明確にするためです。

　姿勢がくずれたり注目がそれたりしている子どもの注意集中を促し、リーダーの指示が理解できない子どもや、行動や気持ちがコントロールできない子どもの支援をします。

　また、その場では言動のコントロールが困難な子どもに対して、別室で個別対応をします。やむを得ずリーダーが別室での対応をする場合は、リーダーに代わり、補助者が授業を進めることもあります。

●**活動に取り組む子どもの実態を把握して補助**

　まず子どものようすを観察し、どういう段階かを見極めます。できないとわかったら、つまずいている事柄を、①モデルを見せたあとひとりでさせてみる、②取り組みやすいように状況をととのえてからひとりでさせてみる、③手を添えていっしょにする、④最後の部分だけをさせる、などのステップのどの方法で取り組ませるか考えます。

　失敗に弱い子どもの場合、いきなり手を貸すとくずれる場合があります。「先生といっしょにします」と告げてから補助するのがいいでしょう。

●**補助の内容・量、教師自身の位置を考えて**

　子どもの動きを補助する場合、どういう動きを（内容）、どの程度（量）、どの位置から行うのかを意識しながら補助します。助けているつもりで、子どもの動きの妨げになっている場合があります。

●**助けを求める練習にもなるように**

　手助けをいやがる子どももいますが、人の手助けを受け入れることは大事なスキルなので、教師の補助がその練習にもなるようにしていきます。助けを求められない子には、困ったときどうするのか気づかせ、自分から助けを求めるよう、具体的に指導します（→ p.84）。

教師間の役割分担で気をつけたいこと

　教師間で、いつの間にかほめ役・叱り役・なだめ役などの役割が定まってしまうことがあります。これはできるだけ避けたい事態です。このような役割分担ができてしまうと、子どもが教師によって態度を変えたり、自分にとって都合のいい反応を示す教師の指示だけに従ったりしてしまいます。

　どういうときにほめ、どういうときに叱るか、教師によって差が出ないように、子どもの行為と教師の対応について話し合っておくことが必要です。

　また、特定の子どもと深くかかわりすぎないように気をつけます。ある教師としかコミュニケーションがとれない、ある教師がいないと落ち着かない、といった事態を招かないようにするために大事なことです。

話し方、接し方、ここが大事

指示のことばは短くシンプルに具体的に

　注意集中の短さ、聴覚における図と地の混乱（さまざまな音のなかから声をひろうのがむずかしい）、聴覚的短期記憶（聞いたことをすぐに思い出すまでの記憶）の困難、ワーキングメモリ（情報を一時的に保存し必要な過程でまた取り出して使う記憶）の問題などを抱える子どももいます。子どもが混乱なく正しく聞き取れるよう、指示は静かになってから出しましょう。短くシンプルで具体的表現にします。

　取り組み方を説明するとき「のりはべたべたにならないように気をつけて貼ります。指を決めておきましょう」のように長く抽象的な表現になりがちですが、「①人さし指を立てる、②のりをとる。ちょん、③つける。1の字」と、箇条書きするように短く、ことばから行動がイメージできるような表現をするとわかりやすくなります。

ほめる・叱る・注意することばも具体的に

　状況や因果関係を理解したり、文脈からことばの意味をとらえたり、言外の意味を想像したりすることが困難という特性も多く見られます。ほめるときや叱るとき、注意するときのことばも、指示と同様、具体的にする必要があります。

　「いい子だね」「偉いね」といった抽象的なことばではなく、「先生のほうを見ているね」「よく○○に気がついたね」と、具体的な内容を挙げてほめます。

　注意するときは、教師が何を要求しているのかがわかるように話します。「そんなこと言わない」でなく、「○○と言うといい」のように否定表現でなく肯定表現を使うと、より具体的にすべきことがわかります。また、「○○すると△△はできない」という罰を与える言い方より、「○○すると△△ができる」という表現のほうが、行動修正には効果があります。

　「ちゃんと」「きちんと」「よく」「しっかり」などは、わかりにくい表現の代表例です。「ちゃんと座りなさい」ではなく「背中を伸ばして足を床につけなさい」、「よくこすりなさい」ではなく「10回こすりなさい」のように、時間や回数などで数値化する、モデルを示して視覚化するなどの工夫をするといいでしょう。

ストレートに表現する（比喩や心情に訴えた言い方でなく）

　比喩や慣用表現は、字義どおりに理解しがちな子どもには通じにくいものです。直接的な表現を工夫します。

　また、他者の視点でものごとを考えるのが苦手な子どもが多く、仮に相手の気持ちがわかっても、だから自分はどうすればいいかの判断にはつながりません。したがって、心情に訴えた表現はあまり効果が見込めないので、なるべくストレートに、どうすればいいかを教えるようにします。

学年相応のことば、あたりまえの動作で

　知的な遅れのある子どもに接するとき、つい、幼児に接するようなことばを使いがちです。年齢より遅れていたとしても、2年生なら2年生、6年生なら6年生としての対応をすべきです。子どもであっても、人として尊重される存在だということを忘れないようにしましょう。

　また、わかってほしいあまりに、大げさな動作で表現をしがちですが、それはひかえます。表情豊かに話すことは大事でも、過剰な刺激はスムーズな理解や切り替えの邪魔になります。

スキンシップは子どもの特性に合わせて

　頭をなでたり肩を抱いたりすることは、一般には親しみの表現です。しかし、からだに触られるのが苦手な子どもがいます。自閉症スペクトラム障害の子どもによく見られます。

　まず名前を呼んで、その子の正面から触れてみて、ようすを見ます。からだをよけたり手を払ったりするときは、苦手なのだと理解します。こういう子どもの場合、手をつなぐとき子どものほうからつながせるように計らいましょう（→ p.47）。

配慮したい子どもの特性と話し方・接し方

子どもの特性	話し方・接し方
シングルフォーカス	注意を引きつけてから指示を出す
注意集中の短さ 聴覚における図と地の混乱 聴覚的短期記憶の困難 ワーキングメモリの問題	指示は短くシンプルに、具体的にする 箇条書きで話す ことばと行動が結びつくように話す
状況や因果関係の理解が困難 文脈や言外の意味の理解が困難 ことばを字義どおりに理解	具体的・肯定的に話す 数値化・視覚化する 直接的表現をする
他者の視点で考えることの困難	どう行動するか指示をする
からだに触られることが苦手	スキンシップはようすを見ながら

パニックやかんしゃくへの対処で気をつけたいこと

　パニックを起こしてクールダウンが必要な場合は、基本的に別室で対応します（→ p.91）。本人が移動できない状態のときは、まわりの子どもたちを別室に移動させて学習を続けます。本人を落ち着かせることと、まわりへの影響を最小限にすることを優先します。

●**パニック最中の声かけはマイナスの刺激になる**

　感情の抑制がきかないときに声をかけるのは、火に油を注ぐだけ。「話は落ち着いてから」と覚悟を決めます。また、パニックの最中に子どもが発する暴言は、本心ではないと心得ることが大切。怒りにまかせた暴言で教師がうろたえたり、あおられたりしてはいけません。

●**したことの後始末をさせる**

　パニックやかんしゃくの最中にものを壊したり人を痛い目に遭わせたりした場合、その後始末をさせます。落ち着いてから、どういう方法にするか相談します。片づける、修理する、相手に謝るなど、本人の能力に合わせて可能な範囲で、しかし必ず、させるようにしましょう。

環境の整備を

何をする場所かわかるように（スペースに余裕がある場合）

　教室は、学習の場所であるとともに、休み時間になれば遊ぶ場所、給食時間には食べる場所というように、多目的に使われます。しかしこれは、知的発達の遅れや発達障害がある子どもにとって、混乱のもとになります。場所の意味がいろいろあるので、「今ここで何をすればいいのか」わからなくなり、行動の切り替えがむずかしくなります。

　そこで、環境整備にあたっては、場所と活動がなるべく対応するように考えていきます。その場所に来たら何をするかの見通しが立つようにするのがポイントです。

●目的に合わせて
　スペースに余裕があれば、活動ごとに部屋を用意します。学習・遊び・運動・給食の各スペースのほか、教師のための職員室と作業室（図工や調理を行う）、教材室などがあるといいでしょう。

●1つの教室をコーナーに区切る
　同じ教室で前方と後方に分ける、パーテーションで分ける、カーテンを使って分けるなどの方法があります。または一角に敷物を敷いて分けるという方法もあります。

●セッティングで分ける
　やはり1つの教室を区切って使う方法です。教室の前方、黒板前のスペースにいすを並べて、朝の会や終わりの会で使うスペースとし、後方には各自の机を並べて教科学習のスペースとします。

狭くても、目の前の環境を整理することでわかりやすく（スペースに余裕がない場合）

　物理的に広いスペースが望めない場合、狭い教室を無理やり区切っても使いにくく、わかりにくいということになります。そこで、ほかの方法を考えます。子どもにとってわかりやすいことが大事です。

●座るいすの向きを変える
　同じ場所を使うとしても、座る向きを変えるなど工夫します。この活動のときはこれ、という規則性が子どもにわかればいいわけです。

●カーテン・パーテーションを使う
　いすの向きを変えたときに教室にあるものが気にならないように、カーテンでかくすなどの工夫をします。ついたてやパーテーションも有効です。

●専用の敷物などを使う
　給食コーナーは、子どもたちの机を寄せて、テーブルクロスを敷くことでもつくれます。また、着替えなどでは、段ボール板やフラフープなどの輪を床に置くことで、着替えの場所を限定することができます。風呂敷も有効です（→ p.50）。

教材や遊び道具の整理整頓を

子ども一人ひとりの状態に合わせて教材を作るうちに、ものが増えて乱雑になりがちです。プリント類は、薄型の引き出しに種類ごとあるいはねらいごとに分類します。大きな教材は、箱に入れて外側に表示します。積み上げられるように、箱の形や大きさをそろえます。ふだんは見えないように、カーテンをひくといいでしょう。

子どもたちに貸し出す遊び道具も同様に整理します。子どもたちの能力に合わせ、自分たちで出し入れができる方式にする場合は、棚や箱にラベルを貼って、置き場所を明確にします。

教師も人的環境のひとつと心得る

物理的な環境とともに配慮が必要なのが人的環境です。注意集中がむずかしい子ども、衝動性のある子どもにとって、近くにいる人の声や動作が行動に大きく影響します。

子ども同士だけでなく、教師の存在や所作によっても左右されます。指導にあたる教師の身だしなみについて、注意点をまとめておきます。

●日々、動きやすく

毎日つきあっていく子どもたちは、危険の判断がむずかしい、多動である、衝動的であるといった特性があります。突発的事態にすぐに対応できるよう、動きやすい衣服・履物を身につけます。

●シンプルな服装を

子どもたちには、注意集中が苦手、気が散りやすい、気になるところに気持ちが向きやすいという特性もあります。教師の服装がマイナスの刺激にならないようにします。

派手な色・柄・装飾物のある衣服は避け、アクセサリーもひかえます。基本的にイヤリングやピアス、目立つ指輪、ネックレスなどは、子どもと接するときははずしましょう。子どもにとって気になる刺激になります。また、子どもを補助したり、不安定な子どもに対応したりするときに、子どもを傷つけ、場合によっては教師自身がけがをする危険性もあります。同じ理由で、爪は短く切ります。長い爪やつけ爪は厳禁です。

●香りはひかえる

感覚の過敏がある子どももいます。嗅覚過敏の場合、匂いが体調不良につながる場合もあります。そうでなくても、気を散らす刺激になるかもしれません。香水だけでなく、香料の強いハンドクリーム、ヘアケア製品などはひかえるようにしましょう。

参考資料など

- 「東京都立特別支援学校の自閉症学級のための学習環境の構造化について　平成21年度版」(東京都教育委員会)
- 『学校生活・日常生活適応のための指導』佐々木正美 監修　伊藤久美 編　(ミネルヴァ書房)
- 「特別支援教育をすすめる本(全4巻)」内山登紀夫 監修　(ミネルヴァ書房)
- 『LD・ADHD・高機能自閉症の子どもの指導ガイド』独立行政法人国立特殊教育総合研究所 著　(東洋館出版社)
- 『教室でできる特別支援教育のアイデア172　小学校編』月森久江 編集　(図書文化社)
- 『アスペルガー症候群(高機能自閉症)の子どもを育てる本　学校編』佐々木正美 監修　(講談社)
- 「発達と障害を考える本(全12巻)」内山登紀夫 監修　(ミネルヴァ書房)
- 「新しい発達と障害を考える本(全8巻)」内山登紀夫 監修　(ミネルヴァ書房)
- 「自閉症のTEACCH実践(全3巻)」佐々木正美 編　(岩崎学術出版社)

発達障害の名称について

本書では、発達障害の名称を、たとえば「自閉症スペクトラム障害」「注意欠如・多動性障害」「学習障害」「知的障害」などのように表記しています。これらについて、日本精神神経学会が2014(平成26)年5月に発表した「DSM-5病名・用語翻訳ガイドライン(初版)」では、次のように併記されています。

- 自閉スペクトラム症／自閉症スペクトラム障害
- 注意欠如・多動症／注意欠如・多動性障害
- 限局性学習症／限局性学習障害
- 知的能力障害(知的発達症／知的発達障害)

デザイン：小林峰子
DTP：粟田佳織
企画編集：ワードクロス

監修者紹介

内山登紀夫（うちやま　ときお）

精神科医師。専門は児童精神医学。順天堂大学精神科、東京都立梅ヶ丘病院、大妻女子大学人間関係学部教授を経て、2009年4月より福島大学大学院人間発達文化研究科学校臨床心理専攻教授およびよこはま発達クリニック勤務。2013年4月より福島県立医科大学会津医療センター特任教授併任。
1994年、朝日新聞厚生文化事業団の奨学金を得て米国ノース・カロライナ大学TEACCH部シャーロットTEACCHセンターにて研修。1997～98年、国際ロータリークラブ田中徳兵衛冠名奨学金を得てThe center for social and communication disorders（現The NAS Lorna Wing Centre for Autism）に留学。Wing and Gouldのもとでアスペルガー症候群の診断・評価の研修を受ける。

編者紹介

伊藤久美（いとう　くみ）

東京都町田市立南成瀬小学校主幹教諭。東北大学教育学部を卒業後、宮城県内で通常の学級の担任として勤務ののち、1984年から東京都新宿区および町田市の公立小学校において、情緒障害、知的障害、言語障害等、障害児のための特殊学級・特別支援学級の担任を歴任。地域の小学校における特別支援教育のリーダー的存在である。
おもな編著書に『特別支援教育ソーシャルスキル実践集—支援の具体策93』（共編、明治図書出版、2009年）、編書に『学校生活・日常生活適応のための指導』（ミネルヴァ書房、2011年）、『新しい発達と障害を考える本①　もっと知りたい！　自閉症のおともだち』（②アスペルガー症候群、④ADHDも、ミネルヴァ書房、2013年）、『新しい発達と障害を考える本⑤　なにがちがうの？　自閉症の子の見え方・感じ方』（2014年、ミネルヴァ書房）などがある。

カバーイラスト　内田コーイチロウ
イラスト　内田コーイチロウ

特別支援教育がわかる本①
特別支援学級・通級でできる
発達障害のある子の学校生活支援

2014年11月15日　初版第1刷発行　〈検印省略〉

定価はカバーに表示しています

監　修　者	内　山　登紀夫	
編　　　者	伊　藤　久　美	
発　行　者	杉　田　啓　三	
印　刷　者	奥　村　文　泰	

発行所　株式会社　ミネルヴァ書房
607-8494　京都市山科区日ノ岡堤谷町1
電話　075-581-5191／振替　01020-0-8076

©SIXEEDS, 2014　　　奥村印刷・宮田製本

ISBN978-4-623-07190-6
Printed in Japan

特別支援教育をすすめる本

B5判／オールカラー／①〜③ 104ページ、④ 64ページ／各巻本体2500円

① こんなときどうする？
発達障害のある子への支援　幼稚園・保育園
内山登紀夫 監修　諏訪利明・安倍陽子 編

② こんなときどうする？
発達障害のある子への支援　小学校
内山登紀夫 監修　安倍陽子・諏訪利明 編

③ こんなときどうする？
発達障害のある子への支援　中学校以降
内山登紀夫 監修　中山清司 編

④ 知ってる？　発達障害
ワークブックで考えよう
細川佳代子 プロデュース

特別支援指導用教材
学校生活・日常生活適応のための指導
佐々木正美 監修　伊藤久美 編

B5判／オールカラー／104ページ／絵カード・DVD付／本体18000円